"中国粮油书系"编辑委员会

主　任｜邱清龙
副主任｜陶玉德
委　员｜邱清龙　陶玉德　刘新寰　姚大英
　　　　徐劲松　李　平　裴会永　郭清保

主　编｜陶玉德
副主编｜刘新寰　裴会永

《百家说粮》
　编　纂　任敏白俐

《赢在五谷》
　编　纂　王娜

《农经观察》
　编　纂　石金功

《水煮粮史》
　编　纂　王丽芳

《粮战演义》
　编　纂　王丽芳

农经观察

NONG JING GUAN CHA

主　编　陶玉德
副主编　刘新寰　裴会永
编　纂　石金功

河南大学出版社
HENAN UNIVERSITY PRESS

图书在版编目（CIP）数据

农经观察 / 陶玉德主编. — 郑州：河南大学出版社，2017.12
ISBN 978-7-5649-3161-2

Ⅰ. ①农… Ⅱ. ①陶… Ⅲ. ①农业经济－研究－中国 Ⅳ. ①F32

中国版本图书馆CIP数据核字（2017）第326112号

责任编辑	林方丽
责任校对	陈　巧
封面设计	王　勃

出版发行	河南大学出版社
	地址：郑州市郑东新区商务外环中华大厦2401号　邮　编：450046
	电话：0371-86059712（高等教育与职业教育出版分社）
	0371-86059701（营销部）
	网址：www.hupress.com
印　刷	开封智圣印务有限公司
版　次	2018年3月第1版
开　本	710mm×1000mm　1/16
字　数	266千字
印　次	2018年3月第1次印刷
印　张	16
定　价	39.00 元

（本书如有印装质量问题，请与河南大学出版社联系调换）

总　　序

广阔天地大有文章

一晃就是六个春秋。历经六年多时间的沉积,"中国粮油书系"第二卷与大家见面了。

从种植、流通到加工、消费,围绕这一主题,单学科、单作物品类的图书并不少见,但对粮食经济全面的关注却曾是"被遗忘的角落"。2011年由《粮油市场报》策划出品的"中国粮油书系"第一卷面市,填补了这片空白。书系的亮相在业内外引起热烈反响,并于次年再版。

六年风雨跌宕,六年硕果累累。这六年间,中国粮食持续丰产丰收,粮食科研成果捷报频传,粮食产业经济新风扑面,种植结构调整全面铺开,粮食市场化改革破冰前行,水土污染治理突破瓶颈……一项项发轫于田间的"经验"强势绽放,一批批期待已久的"深改"渐次落地,之前被视为"硬骨头"的诸多难题得以有效解决。中国粮食人将责任扛在肩上,撸起袖子加油干,深耕细作不放松,在时代接力中不断实现自我超越,不仅为新常态下稳增长、调结构、促改革、惠民生奠定了重要基础,而且让世界多国分享了中国五谷的芳香,为世界粮食安全提供了中国智慧和中国路径。

成就来之不易、可喜可赞,但我们也清醒地看到国内粮食"三高"叠加,多重矛盾交织,农业供给侧结构性矛盾仍然突出,谁来种、怎样种之困仍未化解,各种不确定性、不平衡性问题依然存在。特别是随着人口的增长、生活水平的提高、城镇化的推进,人们对粮食生产和"舌尖上的安全"提出了新的更高要求。守住、管好"天下粮仓"任重道远,需要时刻绷紧这根弦。

作为中国粮油行业唯一的报纸,《粮油市场报》自1985年创刊以来,始终肩负"为耕者谋利、为食者造福"的使命,以笔为犁深耕南北热土,以纸为简承载五谷波澜。无论是传递"三农"领域睿见卓识的大家声音，还是解码粮农企业家非同一般的匠心力量，无论是梳理粮食产业转型发展的探索与创新，还是探秘中华农耕文化的底蕴与传承，我们都始终围绕五谷做文章，与行业同呼吸共奋进。在记录与见证中国粮食经济发展变革的过程中，我们看到许许多多的收获和欢欣，也遇见许许多多的困难与挫折。我们深知，只有沉下去深度感知中国粮食经济的优势与劣势、历史与现实，才能更真切地读懂中国农业，才能更深刻地理解"饭碗论""底线论""红线论"的科学内涵，才能有力助推中国粮食更深层次、更高质量"满足人民日益增长的美好生活需要"，阔步迈进新时代。因此，对于这块土地开出的思想之花、结出的实践之果，我们倍加珍惜，再次精心梳理、结集出版，希望以此为更多涉农、涉粮工作者提供与时俱进、更接地气的系统启迪与思考。

"中国粮油书系"第二卷由《百家说粮》《赢在五谷》《农经观察》《水煮粮史》《粮战演义》组成，其中《水煮粮史》为上下两册，《粮战演义》分上中下三册，全书共5套8册，涵盖专家观点、创业故事、三农观察、粮史解读、粮食文化等内容。书系第二卷聚焦近几年中国粮食发展脉络、探讨未来发展趋势，以新闻视角呈现新常态下中国粮食经济的一个侧面和缩影；同时也从一些独特视角重新认识华夏粮食文化的源远流长、博大精深，以粮史故事鉴古知今。

本书系的出版凝聚着所有《粮油市场报》人的智慧和付出，更饱含着诸多领导、专家、学者特别是报社主管单位领导的心血和汗水。在采访、报道和编撰过程中，业内许多权威机构和来自一线的粮农工作者热情献策、悉心答疑，给予无私帮助，这份深情与厚爱我们铭记于心。在行文过程中，我们参考了一些专家学者的专著或论点，摘录了相关媒体记者的报道资料，他们深邃的思想、精彩的论述为文章增彩颇多，在此一并表示诚挚的谢意！

虽致力尽善尽美，但受能力和学识所限，且鉴于部分文章为报道选编，书系中难免存在片面性、资料老化或其他瑕疵，恳望读者朋友谅解和指正。

谁知岁丰歉，实系国安危。新时代的扉页已经打开，让我们携手，在新发展理念的指引下砥砺奋进，在勤勉的耕耘中把握未来。

前　言

激荡粮农产业新未来

停工、破产、跑路……近年来，受国内外经济形势的冲击，国内一些传统行业陷入困境，一些民营企业艰难生存。面粉行业的转型已经悄然开始。与多数企业在抱怨不同，这些企业或跨界转型，或抱团发展，或者趁机展开扩张，凭借创新与担当，逐渐成为市场的新宠。

在业界对油脂行业的一片唱衰声中，四川浓香小榨异军突起，使波澜不惊的食用油市场涟漪迭起。"农区变景区、田园变公园、农房变客房、产品变礼品"，油菜花经济的传导效应还带动了当地旅游、土特产销售等的快速发展，展示了"一二三产融合"的魅力之姿。

中国农耕文化博大精深，作物种植奥妙无穷。吉林大米、巴彦淖尔小麦、罗平油菜、山西杂粮、温县铁棍山药，这些区域品牌的传奇故事，更进一步突出展现了中国独特的新经济地理及地域经济脉动。探寻其发展背后的偶然与必然、创新与创造，对于做大做强做优原产地特色品牌具有现实意义。

从主食产业化，到农业资源开发，再到大健康产业，作物的潜能在不断地被挖掘、功能不断地丰富，粮农产业呈现出百花齐放、千舸争流、高质发展的喜人局面。地该怎么种、粮改饲怎么改、土地流转如何转以及农业保险、"毒地"修复、农业互联网，等等，这些深层次的"三农"难题，又无不亟待一一破解。

这是一片广阔无垠的田野，这是一池清澈见底的春水，这是一幅气势恢宏的粮农产业全景画卷。虽然本书呈现的只是产业浪潮中的一个侧面，但却折射出我国粮农产业的非凡历程和曲折涟漪。

可以预见，未来相当长的一段时间，粮农产业改革的步伐不会停止，而改革的方向就是市场化。在深入实施乡村振兴战略的大背景下，农业理应会带给我们更多的想象空间。

编者

目 录

产经篇
Chanjingpian

搭"一带一路"快车向粮食产业的春天出发……003
地,究竟该咋种……008
粮改饲,怎么改……015
土地流转更放心……020
种粮大户"毁约弃耕"初现……023
找寻"吃得饱"的农险……028
"毒地"修复,也能有景看有钱赚……033
向前一步 "粮食银行"如何收获幸福……038
主食产业可望实现"三级跳"……043
仓顶阳光工程:为"绿色储粮"撑起晴雨伞……047
产量不足效益低 豆类主粮化任重道远……051
节日效应弱化 粮油市场重构进行时……055
"互联网+"下的大农业里程……059
粮食可追溯系统的建立势在必行……064

米面篇
Mimianpian

走私背景下的进口大米 …………………………………………… 071
仿冒品牌下的博弈迷局 …………………………………………… 074
大米品牌"千人一面" 需深挖"新卖点" ……………………… 078
超级稻事件追问：产量和品质可否并存 ………………………… 082
优质稻育种赶超日本 "好吃"大米迎商机 …………………… 086
微商卖米面 监管谁来担 ………………………………………… 090
每亩万元种大米 农业高端认购谁埋单 ………………………… 094
竞争日趋白热 国内面粉加工业深刻调整 ……………………… 098
石磨面粉"扛大梁" 还需跨过"健康关" …………………… 102

油脂篇
Youzhipian

四川："油菜花"探路三产融合 ………………………………… 109
绿化富农两不误 木本油料贡献大 ……………………………… 112
花生"受宠"，跟风种植存隐忧 ………………………………… 116
12位专家同声：对油脂加工与营养谬论说"不" ……………… 120
亚麻籽油产业亟待破解"小而散" ……………………………… 125
后临储时代，浓香小榨能否成油企"救世主" ………………… 129
冷榨油价格普遍较高 加工业仍需培育 ………………………… 133
国内生物柴油产业步入"高铁"时代 …………………………… 137
多项难题待解 油脂适度加工前路漫漫 ………………………… 141

我国芝麻油加工业亟须领军企业带动 ………………………… 145
国内油脂消费进入多元化时代 …………………………………… 149

食品篇
Shipinpian

马铃薯主食化，是近还是远 ……………………………………… 157
鲁花：自然鲜开启净酿酱油"新时代" …………………………… 162
面包与大米的"邂逅" ……………………………………………… 166
米粉产业："做大"靠帮扶　"做强"靠品牌 …………………… 169
烘焙业加速转型　专用粉却遇"肠梗阻" ……………………… 173
拒绝"胖馒头"　无铝泡打粉产业待兴 ………………………… 177

区域品牌篇
Quyupinpaipian

吉林大米：品牌建设撬动产业 …………………………………… 183
　松原：冰湖腾鱼　碱土生稻 …………………………………… 188
　延边：一眼看三国，一米品天下 ……………………………… 191
　"粮食也要打造品牌"后的延边之变 ………………………… 195
巴彦淖尔：中国强筋小麦地标 …………………………………… 199
　恒丰集团：优质"河套"雪花粉缔造者 ……………………… 203
　守望中国最优质的麦田 ………………………………………… 206
山西：昔日"杂粮王国"变"杂粮厨房" ……………………… 209
　汇丰粮业：让"五台山"牌小杂粮享誉全国 ………………… 213

臣丰食业：将"苦荞茶深加工"进行到底……………………215
　　三晋大地杂粮香……………………………………………217
罗平油菜：花海里演绎春的精彩…………………………………219
　　罗平菜油：走俏市场绽放原生态魅力……………………225
　　罗平蜂蜜：让食者留恋的美好记忆………………………227
　　一个神仙都心仪的地方……………………………………229
铁棍山药传奇………………………………………………………232
　　红峰合作社：抱团打品牌　山药变金条…………………239
　　健国怀药：健康行天下　怀药第一品……………………242
　　路漫漫其修远兮……………………………………………245

中国粮油书系第二卷之
农经观察

产经篇

Chanjingpian

搭"一带一路"快车向粮食产业的春天出发

□ 裴会永

  "一带一路"沿线国家在政治、经济、文化、法律等方面差异较大,如果对目标国金融服务、商贸通关、税收政策、投资审批等法律法规缺乏足够了解,也许会水土不服、出师不利。如何走得更稳更远?中粮、爱菊等一批先行者分享了"走出去"的实战经验和体会。从"走出去"到"融进去",更需要文化的交流与融合。

* * *

  仲夏的古都西安,花木葱茏,生机盎然。2016年6月17日,18个重点省份的粮食局长和相关大中型粮食企业负责人会聚古丝路起点,参加粮食行业贯彻落实中央"一带一路"倡议专题座谈会,分享各自的经验与体会,提出进一步推进工作的意见和建议。时任国家粮食局局长任正晓一面认真听,一面仔细记,并不时插话,大家深入交流,座谈会气氛十分活跃。

/"走出去"正逢其时/

截至2016年6月,全国31个省区市和新疆生产建设兵团"一带一路"建设实施方案衔接工作已基本完成,全国粮食系统积极跟进,主动对接,很多地方和企业取得积极进展。

"中粮集团主要做了三件事:收企业、建码头、打通道,"中粮贸易副总经理江锡如说,"收购了两个企业,即荷兰尼德拉公司、新加坡来宝公司,这是中粮的两个桥头堡。收购以后,中粮总资产728亿美元,总收入717亿美元,业务涉及140多个国家和地区。"中粮还建了两个码头。5月19日,中粮农业在乌克兰最先进的粮油中转码头正式投产,投资7500万美元,由中粮农业全资持有和运营,出口经营品种为玉米,码头总吞吐量250万吨/年,仓储能力14.3万吨。

中粮控股的尼德拉公司全资收购罗马尼亚一个粮食码头,依托该码头的出口优势,在黑海地区向农户或者与经纪人合作收购玉米、小麦、大麦和油菜籽,出口至欧洲、中东、非洲等地区。"2015年尼德拉在黑海地区的出口量超过400万吨,创历史新高,并首次成为罗马尼亚最大的粮食出口商。"江锡如说,"从2013年开始,中粮致力于打通乌克兰与中国的玉米贸易通道,2016年已经帮助民营企业代购进口玉米60万吨。"江锡如称,下一步,中粮将研究三个事情:一是开发俄罗斯远东地区,原则是积极稳妥,循序渐进,由贸易开始带动,小步慢跑;二是在俄罗斯后贝加尔地区与满洲里之间,建立俄中新粮食走廊,解决国内粮食结构性问题;三是与乌鲁木齐铁路局、新疆口岸管委会三方战略合作,共同建设新疆口岸,探索哈萨克斯坦小麦进口通道。

陕西地方粮食企业"走出去"领先一步。陕西省粮食局局长刘维东娓娓道来,如数家珍:"向西,爱菊集团、陕西粮农集团与中亚国家合作。向南,西安国家粮食交易中心与东盟国家合作,引进泰国优质商品。省军粮供应中心引进缅甸优质杂粮,近期500多吨优质绿豆将从云南瑞丽运往西安。"

2015年12月,作为我国唯一农业产能合作项目,爱菊集团哈萨克斯坦粮油加工项目被列入"中哈52个产能合作项目清单"。2016年以来，爱菊集团捷报频传：3月，2000吨油脂、3200吨面粉搭乘"长安号"国际货运班列运抵西安；6月，年产食用油16万吨、年产面粉20万吨的加工厂在哈破土动工，计划10月建成投产。爱菊集团董事长贾合义说，截至2016年6月，爱菊集团在哈实际投资7500万元，从种植到销售的跨国产业链初步形成。

陕西粮农集团的境外贸易公司在哈开展油脂油料及小麦贸易经营，种植的优质小麦预备运回中国。

新疆是丝绸之路的核心区。新疆生产建设兵团成立股份有限公司，制定规划，搭建统一平台，农业"走出去"不再"小而散"。兵团粮食局副局长李建伟介绍，兵团承担了中巴合作示范园区项目，参与中巴经济走廊瓜达尔港的建设，瓜达尔港附近将进行大范围招商，农业合作主要是种子物流方面。

广西与东盟海陆相连。广西粮食局局长吴宇雄说，广西国宏在柬埔寨投资建设大米加工厂，国宏柬埔寨现代农业生态产业示范园有很高的知名度，2015年完成配额出口香米4000吨，成为柬埔寨向中国出口大米的第四大供应商。

中航国际在柬埔寨从事木薯的种植、加工、收购和贸易，已经形成种植、出口到加工的产业链。

/如何走得更稳更远/

中粮、爱菊、中航等一批先行者，给粮食外向型经济带来勃勃生机，但不可否认，"一带一路"沿线国家在政治、经济、文化、法律等方面差异较大，如果对目标国金融服务、商贸通关、税收政策、投资审批等法律法规缺乏足够了解，也许会水土不服、出师不利。

如何走得更稳更远？贾合义分享了爱菊集团的实战经验，中粮贸易副总经理江锡如分享了企业"走出去"的六个体会，两位企业家现场传授"心法"，大家听得过瘾，直呼"解渴"。

毋庸讳言，境外投资存在着政治风险、投资限制、外来务工限制和外汇管制等障碍，如果不能未雨绸缪，很可能招致无谓的损失。爱菊集团一开始就把这些因素考虑在内，在哈项目实施顺利。

爱菊项目是中哈产能合作以来落地最快的项目。投资过程中，爱菊多方协调，积极寻求政府支持，以互利共赢理念赢得当地民众的支持。比如，改"租地种植"为"订单农业"，既解决了当地民众就业，又解除了农民的后顾之忧。作为示范工程，哈政府安排专人对接，各种问题能马上解决。

项目建设中，爱菊集团实施"四步走"，注重量体裁衣，讲究稳扎稳打，循序渐进。项目初期阶段采购原料调入国内；第二步实现当地加工，并逐步建立种植基地；第三步形成产业集群，打造农业产业园区；第四步依托逐渐摸索成熟的进出口方式，输出特色产品、成熟的生产工艺。

从"走出去"到"融进去"，更需要文化的交流与融合。项目前期，爱菊全面了解分析当地的文化和民俗，聘请当地熟知两国习俗和相关业务的专业人员，避免因风俗习惯和价值观差异造成矛盾。

江锡如简明扼要地谈了六个体会。第一，推进不要过急，先要深谙"一带一路"国家整体情况，整合资源，注重业务关联，比如中乌玉米合作，共同推进，相互帮助。第二，"一带一路"国家多是发展中国家，一旦政策变化，容易引发动荡。假如某国货币大幅贬值，中资企业不能及时完成出口退税，可能会造成很大的财务风险。第三，政策要配套，中粮的业务得益于政府间的合作，得益于国营贸易政策。第四，产业体系要接地气，中粮收购两个海外企业很重要，如果无当地企业运作，经营开展很难。第五，宣传要有大局观念。第六，风险管理要到位，要关注不确定性，要谨慎。基础设施投资回报率非常低，政策跟进风险大，境外投资主体有限，大部分是我们独立承担风险。

"建议打算'走出去'的企业，要寻求相对稳定的政府机构，寻求保险支持，寻求与本土企业合资，分摊风险。尽量输出高科技新型产业资本，培养更多国际型人才。同时，要防止加剧国内产能过剩。"江锡如强调说。

不知不觉，三个多小时过去了，参加座谈的局长和企业家意犹未尽。任正晓说："企业'走出去'取得了不错效果，令人振奋。大家认识深刻，发言精彩，谈了很多真知灼见。参与'一带一路'建设，要既积极又稳妥。中粮集团的六方面体会，就是对我们改进工作的建议。国家粮食局将强化保障措施，各地也要找准各自地区的侧重点，统筹谋划，重点发力，为推进'一带一路'建设、保障国家粮食安全做出新贡献。"大多数粮食企业还处于"走出去"的初始阶段,希望得到项目建设、资金、税收、配额等方面的支持,与会人员也从不同层面表达了所在省份及企业的诉求。对于鼓励"走出去"和进口配额分配之间的辩证关系,任正晓语重心长地指出,谋划国家粮食安全,一定要有长远战略观念,企业家要为将来做准备,也要有大局意识。

任正晓勉励有实力的企业瞄准国际市场,开发精深加工产品,拓宽出口渠道,推动国内粮食产业结构优化升级。

任正晓强调,全国粮食系统要充分认识"一带一路"倡议给推动粮食流通事业发展和提升国家粮食安全保障能力带来的重大机遇,进一步把思想和行动统一到中央"一带一路"倡议上来,切实肩负起全面贯彻落实"一带一路"倡议的政治责任和行业使命。当前要重点抓好五个方面的工作:一是扎实推进重要物流通道和节点建设,为粮食资源跨区域、长距离、大规模、高效率流通打下坚实的硬件基础;二是积极推动粮食产业集群发展,形成优势互补、互利互惠、合作共赢的产业经济发展新格局;三是着力优化粮食进出口布局和品种结构,不断健全多边多元、稳健可靠的粮食对外贸易格局;四是加快培育一批具有国际竞争力的大粮商,稳步提升国际粮食市场的影响力和话语权;五是进一步加强粮食流通国际合作交流,加快形成开放包容、互利共赢的多边合作关系。

地，究竟该咋种

□ 赵永平　常钦　马跃峰

　　粮食价格走低，土地流转遇冷。来自河南、山东两个农业大县的调查显示，农村土地大多数仍是分散经营，留守老人和家庭妇女是主力，年轻人不愿种、不会种，留守老人难支撑现代农业，新型经营主体优势明显，新品种、新技术推广快。

＊＊＊

　　谁来种地？靠留守老人、妇女能否撑起现代农业？土地流转遇冷，以后是流转好，还是不流转好？粮价走低，大户种粮亏本，土地流转速度放缓。发展托管、代种带动普通农户，也能实现规模经营；政府和市场两手发力，补上社会化服务短板。

谁在种地？

玉米价格下跌，没有让张文明放弃种粮："一麦一秋，玉米不行还有小麦背着。况且咱这年纪，不种地还能干啥？"

无奈之中，这位65岁的庄稼人担忧："按现在的行情，往后我干不动了，谁来种地？"

"全国小麦看河南，河南小麦看新乡，新乡小麦看延津"，延津以优质小麦闻名全国。全县103万亩耕地，小麦种植面积95万亩，其中优质麦50万亩，种子销售辐射大半个中国。这里谁在种地？

张文明所在的司寨乡平陵村，550户人，4900亩地。"55岁以下的，在田里几乎看不到了，"村主任肖洪生坦言，"'70后'不愿种地，'80后'不会种地，'90后'不提种地，村里的地没有成规模流转，大都是老人、妇女在家种。"

张文明皮肤黝黑，手上青筋凸起，刚浇完麦田。全家5口人，儿子、儿媳在外打工，月收入6000多元，老伴照看孙子，10亩地全靠老张一人打理，"不指望种地致富，也就挣俩活钱儿。"像他这样的情况在村里比较普遍。

村民李成，74岁，前年做完手术后才不下地的，12亩承包田交给儿子李文献侍弄。"不是儿子想种，是他身体也不好，出不去打工，又没啥手艺，只能在家种田。"李成说。

平陵村村民为啥不愿流转土地？肖洪生说："村里都是种子田，繁育省农科院的优质小麦良种，1斤比普通小麦能贵两毛钱。地租低了，农民不干；地租高了，按现在的粮价，租不出去。另外，庄稼人有土地情结，家里种着地，一年口粮、吃菜都不用花钱了。"

与平陵村不同，僧固乡东史固村80%的土地进行了流转，租给龙头企业新乡市新良粮油加工有限责任公司经营。"1700亩地，合同15年，村里只剩400多亩不连片的地了。"村主任李民夫说。

东史固村村民为啥愿意流转土地？李民夫说，一是村子离县城近，打工方便，村里成立了3个建筑班，吸纳300多人就业；二是地租高，一亩一年1200元,和农民自己种收入差不多。

"从全县看,像东史固村这样的毕竟是少数,"延津县农林局农经股贾勇介绍,"截至2016年5月,全县土地流转面积38.49万亩,占比38.5%,但龙头企业、合作社经营面积仅6.7万多亩。调查显示,许多村庄七成以上男性劳动力外出务工,还有两成以上边种地边打零工,从事农业生产的主要是60岁以上老人和家庭妇女。"

山东章丘的情况同延津类似,全市104万亩耕地,流转面积32万亩,2/3以上仍是农户分散经营。

章丘市农业局副局长刘勇说:"别看外出打工的多,老百姓可不舍得让土地撂荒,这几年地租上涨快,能流转的基本都流转了。流转不了的,粗放些也种着。拿眼前这片麦田来说,如果能再浇上一两次水,增产一二百斤没问题。但现在打工一天收入80多元,农民请几天假回家浇地不划算。"

"自己种地比租出去划算。"53岁的枣园街道万新村村民刘开生说。他家里6亩地,2015年小麦、土豆轮作,一亩地收成3000多元,刨掉成本,纯收入还有1500元,而流转租金只有1000元。

问起以后的打算,刘开生说:"别说儿子不愿意种地,就是愿意他也种不了。"有一次他让儿子去浇地,折腾半天也没弄成,最后还是他办事回来赶到地里才弄出水来。

/ 谁能种好地? /

靠留守老人、妇女能否撑起现代农业?

据了解,从粮食单产水平看,普通农户并不比规模经营主体低。

以平陵村为例,小麦平均亩产1100斤,玉米1300斤;而东史固村龙头企业基地,小麦平均亩产900斤,玉米1100斤。

"一家一户精耕细作,大户、企业很难做到。"肖洪生说,"虽然现在从种到收都是机械化,但浇地、打药等不少活还要人工,比方说机播断线,补苗能不能补够,浇水能不能浇到,农民种自家的地肯定比给别人干用心。"

然而,现代农业不能光看产量,更要看质量,看发展后劲。普通农户连年高产丰收的背后，一些问题凸显出来。

"地越种越馋了，地力下降，化肥用量难减下来。"延津县农技推广站站长郭培荣说，"现在推广科学施肥，一亩小麦施25斤化肥就行，但普通农户怕施肥少了，产量上不来，往往要上50斤。"

"现在种地轻松多了，但技术要求更高了，靠老把式恐怕难跟得上。"郭培荣认为，延津小麦十几年进行了4次大的品种更新换代，每个品种啥时种，啥时打药，怎么扶苗，各有各的讲究。比如，农药打到小麦基部效果好，但许多农民使用喷壶，洒在了叶面上。

对此，肖洪生深有感触。2005年村里推广优质小麦，他拉来5万斤种子，挨家挨户去送，很多农户就是不愿种。眼看要错过时令，他一着急，带着村干部把别人的地拔了，硬给种下去。育种要求纯度高，统一品种，6个娄，一人看一个，生怕其他种子混进去。第二年大家看到收成，才没了情绪。"要是现在，不敢这么干了。"他说。

相比之下，规模经营主体优势明显。

新良粮油公司流转办主任闫希战说："1700亩地统一经营，新品种、新技术很快能到位。现在打药用飞机'打工'，喷施一亩地只需几分钟，只要15元，比雇人便宜10元；肥料集中采购，一袋肥也能省10元；订单收购，价格每斤能高一毛到一毛五，比普通农户更有市场话语权。"

"想挣钱必须有规模。"在章丘市万新村村主任沙树星看来，"一亩地挣500元不好挣，但挣100元总可以吧，规模上去了，收益能放大很多。"他自己有一个"放羊理论"：四五只羊也得放一天，一次放四五百只羊也是一天。

"不冷不收，不热不插。"大葱种植是体力活儿，也是技术活儿，为此，万新村成立富硒大葱合作社，小麦、大葱轮作，流转200多亩地，入社社员30户。"凡是种3亩以上，严格按标准化种植，不乱施化肥、农药的，才能成为社员。"沙树星说，"合作社种的大葱品质更稳，价格更好。"

在延津县，有1710家合作社，入社社员2.3万户，市级龙头企业19家；在章丘市，农民专业合作社1000多个，家庭农场有300多个。

农业后继乏人，种地确实要换个种法。快速成长的种粮能手、家庭农场、专业合作社等新型主体被寄予厚望。

/ 新型主体的新困境 /

调查发现，玉米价格下跌，让不少新型主体陷入新的困境。

"一斤少卖几毛钱，风险集中在大户身上，压力难以承受。"延津县僧固乡沙庄村种粮大户郭卫峰坦言。

前些年政策鼓励大户种粮，郭卫峰和三户农民联手租了300亩地，一季种麦，一季玉米，到2014年流转面积发展到600亩，托管土地800亩。为适应规模经营，他们购置了拖拉机、收割机等几十万元的农机具。"粮价好了两年，2015年一大跌，赔进去9万多元。本来准备再流转900亩，地都说好了，可是不敢租了。"他说。

经营压力加大，土地退租苗头出现。延津世纪富合作社理事长赵国换说，合作社共流转1800亩地，合同签了10年，虽然还没到期，但预计到下半年，有一半地要退回去。

流转速度明显放缓。僧固乡乡长刘向辉说，前几年经常有人来租地，一开口就是"有多少流转多少"，从2015年下半年到现在，没人来找地了。

种粮不赚钱，银行贷款更加收紧，让新型主体日子更难。一家合作社负责人说："过去5年都找一家银行贷款，一笔钱要交双份利息，贷完先存回去，再贷出来，但有钱就比没有强。没想到，2015年银行听说种粮赔钱，2016年不给贷了。"

"现在银行一听是种地，想贷款基本没戏。"郭卫峰坦言，"大户最头疼的是付地租时候，一下要拿70多万元，先交钱后用地。没办法，只能借高利贷，1分的利，再高我们也受不了。"

平陵村2005年就成立了小麦种植合作社，没有政策扶持，资金跟不上的话，6台播种机、拌种机早就趴窝了。"如果合作社服务能跟上，村里的田统一管理，统一供种，种地成本肯定能降一点。"肖洪生说。

据了解，不少农民专业合作社运营困难，有的甚至有名无实。

在经营困境中，不少人在反思：流转成本涨得太高了！

"一亩租金1200元，这样的价格，种粮根本赚不到钱。"僧固乡种粮大户陈长海算了笔账：种小麦、玉米两季，每亩总生产成本875元，小麦打

1000斤，每斤1.1元，玉米1100斤，每斤0.75元，刨去地租，每亩要赔150元。

据了解，延津县农户间小规模流转，每亩租金600～800元，但农户与龙头企业、合作社及种粮大户流转，每亩租金要800～1200元。

在章丘市，2007年地租每亩不到500元，现在平均达到1100元，最近有更高的，直接到了1468元。章丘市农业局法制科科长张治水说："规模经营能提高效率，但是要警惕地租涨得过快。"

眼下，结构调整成了新型主体的最大困惑。

"很快就要麦收了，种完小麦种什么？我们不在玉米调减补贴区，有什么政策？啥时候出台？"陈长海心里没底。他说："就2016年这行情，接着种玉米肯定白忙活，2016年准备调几十亩地种花生，弄不成就得退地了。"

"现在很被动，不种玉米还真没合适的作物，大户转身难，没有政策谁敢冒风险。"郭卫峰在等政策快点出台。他说，农机不是说换就能换的，他们买了不少玉米专用机械，如果不种玉米，光农机的损失就不小。

"当务之急是尽快帮助新型主体和农民渡过难关，让会种地、能种地的不吃亏，农业的未来才有希望。"延津县分管农业的副县长罗鹏说。

/ 流转，还是不流转？ /

土地流转遇冷，以后是流转好，还是不流转好？

罗鹏认为，土地流转要顺其自然，要适度，与农村劳动力的非农转移就业相适应。到底多大规模算"适度"？县里做过调查，龙头企业、合作社经营规模500～1000亩最理想。

"实现适度规模经营，不只是土地流转一种方式。"罗鹏说。现在看，依托社会化服务体系，采取土地托管、代种等方式，也可以带动广大普通农户，既能发挥一家一户的"精耕细作"，也能实现规模化、专业化生产，是今后的一个发展方向。

在粮食价格市场化改革过程中，解决"谁来种地"的问题，根本上要推进农业供给侧结构性改革，发挥政府和市场两个积极性，扶持合作社、种粮大户等新型经营主体发展壮大，补上农业社会化服务这块短板。

调查中，大户们对粮食直补政策意见最为集中："不管种没种粮，都能拿到补贴，似乎成了一种'福利'，而真正在种粮的却没补贴。"他们认为，"谁种粮，谁受益"，这才是国家补贴的初衷，建议设立种粮大户专项补贴资金，按照种粮面积发放补贴。

一些合作社反映，补贴发放不及时，有点不赶趟："2016年的农机购置补贴还没下来，春季购机时间已经过了。补贴数额也不足，2015年全县玉米收割机才有280台指标，许多人申请不上。"

在制度层面，他们希望落实金融支农政策，安排一定额度的农业信贷资金，缓解新型主体季节性、临时性资金需求。

政策扶一把，还需要新型主体面向市场想办法。世纪富合作社延伸产业链，将粮食加工成石磨小麦、石磨玉米糁，提高粮食附加值，化解市场风险；延津魏邱乡富农合作社，尝试改种红薯，将红薯加工成手工粉条，一斤卖到15元，一亩地多收入300元。

规模种粮怎么挣钱？2014年，章丘市龙山街道办事处宋家埠村全村的1200亩土地整体流转给了联庆家庭农场。2015年玉米价格下跌，对于种了700多亩玉米的宋世连几乎没什么影响。"我们全部以青储玉米卖给了养殖场，每亩产出三吨半，一吨卖到475元，综合下来一亩地能赚1200元。"据他调研，如今秸秆回收市场大，2015年他还收购了600吨秸秆，一吨能赚50多元。

转变规模经营的组织方式，世纪富合作社托管了700亩土地，统一供种、统一管理、统一收割。"最大的好处是，地还是农民自己的，合作社收服务费，不用再担那么大的租金压力了。"赵国换说。

让农业成为有奔头的产业，让农民成为体面的职业，"谁来种地"的难题才能找到答案。

粮改饲,怎么改

□ 胡健　赵永平

当前,粮食生产的结构性问题主要在玉米。实施"粮改饲"试点,是玉米去产能、去库存的重要举措。农业发展方式怎么转?种养结构怎么调?如何以市场需求为导向推进农业供给侧结构性改革?山西朔州这个全国草牧业试验试点地区的做法,或许可以带来一些启示。

* * *

"拿粮食当草卖?疯了?"两年前山西省朔州市山阴县八里庄村赵占全听到这个消息,头摇得像拨浪鼓。

如今他的态度却180度大转弯:"还是当饲草卖好!一亩能产三吨半青贮料,比卖玉米多挣400多块钱。"

变化源于一场变革。

山西朔州地处雁门关外,是北方农牧交错区,也是国际公认的草牧业黄金产业带。这里畜牧业发达,却长期缺少优质饲草;粮食连年丰收,又面临增产难增收难窘境。如何解决草畜"两张皮"问题?2015年朔州被确定为全国草牧业发展试验试点市,拉开了"粮改饲"的序幕。

转方式、调结构,短短两年时间,朔州推进"粮改饲"面积66.2万亩,增长3倍,占到全市耕地的13%。草牧业快速发展,让牛羊吃上新鲜"草罐头",让农民有了增收新钱袋。

/ 求解"调产难" /

以畜定草,算好种养"两笔账";政府引导不干预,种啥品种牛羊"说了算"

"不种玉米种什么?"这两年玉米价格下跌,让许多朔州农民伤起了脑筋。

按理说,全市奶牛存栏18.5万头,羊饲养量585万只,从"种粮食"到"种饲料",还不是顺理成章?

调产并不容易。不少农民有顾虑:种饲草赚不赚钱?种啥品种好?牛场收不收?企业也担心:本地草质量行不行?价钱贵不贵?

"刚开始,推广意见也不统一。"市农委副主任兰世和坦言。有人提出按专家推荐的品种推,有人提出要大规模推、统一品种推。

"农业供给侧结构性改革是以市场需求为导向,'粮改饲'一定要以畜定草、草畜平衡,让改种的饲草有人收、有市场,让农民和企业都有账算。"朔州市委书记王安庞说。

政府不干预,给补贴、做示范、搞培训,把决策权交给市场。山阴县在北王庄村种下150亩示范田,选择26个品种试验对比,组织一批批养殖企业、合作社、农民观摩学习。

真金白银最有吸引力。

企业围着效益转。"青贮玉米新鲜营养,是奶牛最好的口粮。"沃润源农牧公司董事长白继成说。一头牛每天喂25公斤青贮,能多产3公斤奶,乳蛋白含量也高一级,比过去玉米、秸秆分开喂强多了。一年下来,奶牛单产能达8吨,增收近2000元。

农民跟着市场转。山阴县薛圐圙村农民王成运,2016年将20亩地全种上了青贮玉米。"我没选专家的推荐品种，一个个牛场挨着问，牛爱吃啥我种啥。"他算了笔账：青贮玉米连棒带秆一起收，亩产3.5～4吨，每吨收购价310元，一亩至少卖1000元，而卖玉米顶多700元；另外，牛场上门收割，农民省去了机收、脱粒、晾晒等环节，一增一省，一亩多挣出三四百元。

朔城区滋润村农民选择种苜蓿。村里的助农合作社理事长张成厚说："我们这里盐碱地多，种地不打粮，而种苜蓿一亩补贴500元，一次下种能收6年。"2016年春播前，合作社种了600亩苜蓿，到年底，平均亩产干草1000斤，每斤卖了一块钱，高于玉米收益。老张看好牧草前景："2017年到盛产期，亩产还能翻一番！"

以畜定草调结构，"粮改饲"按下快进键。全市80%以上的养殖场与农户签了协议，通过利益紧密联结，发展青贮玉米39万亩、苜蓿12万亩，在山区种燕麦草12.6万亩。饲草料就地转化，让"粮变肉""草变乳"，成为畜牧业发展的强劲动力。

/ 求解"收贮难" /

政策精准发力，补装备"短板"，突破关键技术，让牛羊都吃上本地草

调产只是第一步，收贮难是"粮改饲"的又一瓶颈。

专家分析，一是收获难。饲草收割要抢时间，适合的大机械一台几十万元甚至上百万元，普通农户根本吃不消。二是贮藏难。饲草封压、发酵技术有门槛，操作不当会变质。

时任朔州市委副书记、代市长刘志宏说："政府之手不越位也不能缺位，扶持政策要精准发力，化解'粮改饲'的关键难题。"

针对收获难，一手加快机制创新，培育生产性服务组织，提升社会化服务水平，一手加大补贴力度，将大型专用农机纳入补贴范围。

在八里庄村田间，崭新的联合收割机来回穿梭，一棵棵秸秆连同玉米穗被喂入割台，切碎、揉搓，瞬间抛入料仓，短短6分钟，1亩地就收得干净利落。"有合作社统一机收，我家30亩地一点不发愁。"赵占全说。收青贮也就10多天时间，晚了营养流失，就卖不上好价钱。

两年时间，全市新增青贮玉米联合收割机100台，日收割能力达到4万亩，青贮玉米全部实现了机收；新建苜蓿加工企业5家、燕麦草加工企业3家，牧草"收晾打拾运"等现代化装备不断完善，形成年加工6万吨干草的生产能力，补上了收获"短板"。

针对贮藏难，朔州邀请知名专家走进养殖园区，现场指导青贮技术，怎么压窖，如何封窖，摸索出适宜当地的技术。

山阴县有73家奶牛场掌握了全株玉米青贮技术。在顺友牧场青贮窖旁，一名工人讲起"秘诀"："玉米粒要破成四到六瓣，秸秆不超过6厘米长，在窖中压实，加入微生物发酵，一个月左右就能制成饲料。"

一道难题刚解决，新问题又涌出来：进口机械能不能给补贴？玉米青贮能否有扶持？牧草烘干设备有没有新技术？……

攻坚克难，草产业逐步迈上良性发展轨道。据测算，到2017年试点期末，朔州可形成年青贮玉米150万吨、燕麦干草20万吨、苜蓿干草20万吨的加工能力。"到时我们的牛羊就都能吃上本地草了。"刘志宏说。

/ 求解"环保难" /

算清生态账，实现草畜平衡；"一头奶牛，八吨青贮草，十吨粪还田"

看好朔州的草业资源，伊利、蒙牛来了，新西兰的恒天然来了，当地龙头也在壮大，但养殖污染一直是发展难题，如何破解？

朔州坚持"农牧结合、循环发展"，让田里长饲料，粪便做肥料，以牧肥田，打造草牧业生态产业链。

"一头奶牛，八吨青贮草，十吨粪还田"，应县中曹山村赵广贤尝到了循环农业的实惠，用上了有机肥，玉米籽粒饱、秸秆壮，病虫害都少了。在应县，启高有机肥厂年处理干粪20万吨，生产有机肥5万吨。

山阴县佳联奶牛公司，用牛羊粪便改造盐碱地，让不毛之地苜蓿亩产达到0.7吨，土壤有机质从0.3%提高到0.7%；怀仁县犇康牧业，让2000亩沙化土地重焕生机，青贮玉米亩产由1.5吨提高到4吨。

生态养殖减污明显。全市建成71个生态畜牧园，建成6家有机肥企业，形成"饲草—养殖—有机肥还田"循环产业链，年消化粪污150万吨，生产有机肥近30万吨，不仅解决了环境问题，也增强了农业发展后劲。

生态优先推动转型。怀仁县南小寨村，过去家家户户养羊，地越啃越光，致富的却没几个。从散养到现代化舍养，金艺羔羊合作社带动140名村民改良种、转方式，理事长武雄介绍："园区年出栏8万只羊，社员户均收入10万元。"从养殖到深加工，瑞誉畜产品公司干起了羊绒加工，一床羊绒被子在市场上卖到1900元。

算清生态账，朔州发展路径越来越清晰：种养结合，为养而种，建设全国生态畜牧基地；力争到2017年，全市实施100万亩粮改草，改良100万亩天然草场，草业产值达到15亿元；推动标准化健康养殖，奶牛年存栏20万头，出栏羊400万只，畜牧业产值达到60亿元，构建草牧业一体化发展的产业体系和服务体系，逐步实现草畜平衡。

土地流转更放心

□ 潘俊强

2016年，中共中央办公厅、国务院办公厅印发《关于完善农村土地所有权承包权经营权分置办法的意见》，提出完善农村土地所有权、承包权、经营权分置，简称"三权分置"。分置后，对经营人和承包人分别有什么样的影响？要防范什么风险？对山东的调查发现，经营者和承包者觉得土地流转更放心。

***

"土地（经营权）流转给别人，以后要不回咋办？荒着起码还是自己的。""交给大户打破户与户之间的界限，规模化种植，地界都没了，以后咋找俺的地？"

土地流转，流转的是土地的经营权。想起村里土地确权前，一些进城打工的村民宁愿把地撂荒，也不愿意流转，山东省临清市老赵庄镇由庄村村主任张庆文觉得，流转土地太难了。

而另一头，种植大户也郁闷不已：一片地，就那么三五户，自己不种也不流转，没法成方连片，耽误了规模化作业。"土地是农民的命根子，村民们其实在担心自己的承包权呢！"张庆文说。

/ 经营者：地可以生钱了 /

"这在以前不可想象，承包权和经营权没分开时，农户可不允许租地人用自己的地去抵押贷款呢！"山东寿光"80后"大学毕业生齐炳林2016年解了资金之愁。恰逢中国人民银行在232个地区试点农村承包土地的经营权抵押贷款，他利用承包的86亩土地的14年经营权和地上附着物——育苗大棚作抵押，成功获得了100万元的银行贷款。

过去想扩大育苗规模，齐炳林却融不到资金，空有一身育苗的本事。如今，农村土地权属由原来的集体所有权、承包经营权"两权"变为"三权"分置，租地的种植大户有了融资新渠道。

合作社、种植大户借人家的地去贷款，万一经营不善怎么办？农民会吃亏吗？寿光市农商行行长郎咸鹏说："还不上贷款，到最后处置抵押物时，也只是处置的这块土地的经营权，对农户的承包权没有影响。"比如，银行通过寻找下家"接盘"再来搞土地经营，照样还得付给农户当初约定的土地租金。

"三权分置，经营权可抵押贷款，有利于盘活农村的资源、资金、资产，增加农业中长期和规模化经营的资金投入，促进农民增收致富和加快发展农业现代化。"中国人民银行寿光支行行长姜森说。

/ 承包者：有证才安心，交易要透明 /

怎样才能让农民放心把经营权流转出去？流转出去，对承包户有啥好处呢？

张庆文认为，想放活农村土地经营权，就得保障好农民对土地的承包权。

"为农民的土地确实权，颁铁证，给农民吃上定心丸。"山东省农业厅厅长王金宝说。保障好农民权益，下一步再搞"三权分置"就相对容易得多，也会让土地流转更顺畅。

而交易环节的保障,同样重要。

里岔镇大孟慈村村南星岭岭地33亩,每亩每年500元;胶西镇尹家店一村办公楼东侧(7.53亩)荒地公开租金每亩每年800元……近日,在胶州市农村产权交易中心大厅,电子屏上,一行行的土地、实物等出让和供求信息不断滚动显示。在交易咨询、申请受理、资格审查、资产评估、抵押登记等一个个窗口,工作人员正在忙着为农民办理业务。

在齐鲁农村产权交易中心总裁李英华看来,私下进行的土地流转不规范,权益得不到保障。山东构建"省、市、县、镇"四级农村产权交易服务体系,制定交易规则,加强交易监管,提供交易鉴证。

在这里,土地经营权、林权、水域滩涂养殖权、农村集体股权等都可以交易。以土地经营权流转为例,农民只需参与申请和合同签订两个环节,其余工作均由产权交易中心负责,交易过程全部免费,出价高者中标,进一步保护和提高了土地转出方的权益和收益。

"俺家每亩价格比以前高300元。"里岔镇的农民孙秀英说。她原先以每亩500元的价格租给别人种,在交易中心挂出土地后,经过竞拍,她以每亩800元的价格与种粮大户梁玉芳达成流转意向。

有了农村产权交易中心,供需双方可以较快找到合适的对象,流转效率有了大幅提高。"以前得到处打听,价格也得和村民反复商量。"青岛成嗣蔬菜专业合作社社长杜高古说,"现在在这里登记需求信息,不久就有了回音。"

当然不是所有的地块都"热门"。不少农户只有三五块"插花地",地块太小,即使挂到农村产权交易中心,也很少有人"接盘"。

针对农村产权交易中心公示但未能达成交易的土地,胶州探索成立"土地银行"。"农民提出土地流转申请,如无人报价,都由'土地银行'进行托底接收。"胶州市农村产权交易中心的一位工作人员说。

据介绍,土地经营权存入"土地银行",农民可以收取存入的"利息",等收储多了起来,"土地银行"再将整块土地"贷"给种植合作社、种植大户等新型农业经营主体。通过"零存整贷"的形式,不仅不让农民的土地撂荒,还实现了农村土地的规模化、集约化经营。

截至2017年2月上旬,胶州市产权交易中心完成土地流转交易1010宗,林权交易79宗,实物资产交易411宗,合同交易金额29,507.2万元,通过交易实现村级增收5731.1万元。

种粮大户"毁约弃耕"初现

□ 潘林青　叶婧

因2015年和2016年玉米价格持续走低，山东不少种粮大户种植积极性下降，出现"毁约弃耕"现象。随着种粮大户退地，不少农村土地流转价格大幅走低。人们一度担心的粮价下降引发工商资本种粮积极性受挫，在早春的山东粮食大县已开始出现。应对种粮大户退地，补贴成为关注焦点。

* * *

天气转暖，山东不少地方春耕备耕工作拉开序幕。因2015年和2016年玉米价格持续走低，山东不少种粮大户种植积极性下降，出现"毁约弃耕"现象。

随着种粮大户退地，不少农村土地流转价格大幅走低，与往年相比每亩约下降一两百元，降低了农民收入。基层干部群众担心，如果种粮大户频频"毁约弃耕"，土地流转价格走低，恐将影响农民收益和粮食安全。

/种粮大户为自保"毁约弃耕"/

山东省武城县地处鲁西北平原,是传统农业大县。2014年,在北京做红木家具生意的老闫在武城县流转了8749亩土地种植小麦、玉米两季作物,流转期限为10年,租金一年一付。然而,笔者近日再次来到他的农场时,发现那里已人去楼空。

"这两年,我因粮价过低赔了1600万元,去年就干不下去了,现在已经回到北京继续做生意。原先流转的土地退给了农民,农场已经建好的房屋也免费送给了朋友。"老闫说。

武城县丰旺家庭农场负责人于秀全也刚刚退掉了三年前从农民手中流转过来的100多亩土地,截至2017年2月中旬还剩400余亩流转土地。"原来和农民签合同时说好了租5年,今年实在是租不起了,没办法只好委托村主任挨家挨户退地。"于秀全说。

在武城县,像老闫、于秀全这样"毁约弃耕"的种粮大户还有不少。武城县农业局种植业管理科科长刘敏介绍,截至2016年12月31日,武城县有1000亩以上的种粮大户1户、500亩至1000亩的种粮大户3户;而2015年,这两个数字分别为6户、23户。

种粮大户"毁约弃耕"的行为在山东其他农业大县也并不鲜见。菏泽、济宁等地不少种粮大户反映,这两年玉米价格下跌幅度太大了,他们难以承受。2015年和2016年的玉米价格每公斤比2014年便宜七八毛钱,按玉米亩产600公斤计算,这两年每亩少收入四五百元,"种地越多,赔钱越多",为了自保只能"毁约弃耕"。

对于种粮大户"毁约弃耕"的行为,不少农民很无奈。"大户跟我说,要是不接受退地,今年租金就付不起了,还不如现在接受退地,年底损失不至于太大。大户不按合同办事,我们农民没办法啊,只能盼着政府给协商协商。"济宁一名农民说。

受访的"三农"专家认为,2014年以前粮价较高时,我国不少地方都出现了土地流转热潮,一些原先农业领域以外的"新手"带着资金涌入农村,贪多贪快流转土地,当遭遇自然灾害、粮价下跌等突发状况时难以有效应对,选择"毁约弃耕",不仅伤害了自身利益,还影响了农民收益和粮食安全。

/ 土地流转价格走低 /

据了解,还有一些种粮大户虽然没有"毁约弃耕",但也无法按照原先合同规定的土地流转价格支付农民租金。

山东省临邑县一名种粮大户介绍,表面上看他2017年还是按照合同约定,给农民900元/亩的土地租金,实际上这个价格降了125元。因为原先125元/亩的小麦直补都是给散户农民,2017年他和散户农民协商后留在了自家账户上,这等于土地流转价格下降了125元/亩。

武城县农乐粮蔬种植合作社理事长庞春安原来与被流转土地的农民约定的租金为1000元/亩,2017年也降为830元/亩。"再按以前那么高的租金,没开始干就先赔上了。没办法,只能降低租金了。"庞春安说。

笔者在山东多个农业大县走访发现,2017年种粮土地的流转价格普遍下降了一两百元。种粮大户们说,土地的流转价格与粮价存在联动效应:粮价低了,大户们收益低了,土地的流转价格必然下降。

庞春安说,2012年玉米价格为2.6元/公斤时,土地流转价格曾上涨到1200元/亩;2014年玉米价格为2.2元/公斤时,土地流转价格大多降为1000元/亩;2017年玉米价格降为1.5元/公斤时,土地流转价格降为800元/亩甚至更低。

武城县农业局一名干部认为,这是种粮大户和流转土地的农民相互博弈的结果。这几年种粮收益比前几年每亩少了三五百元,种粮大户和农民只能各承担一半,要不土地流转协议就很难维持下去。所以说,粮价下跌的苦果,只能是两方一起消化了。

土地流转价格大幅走低也降低了散户农民的种粮积极性。山东多名种粮大户反映,最近主动把土地流转给他们耕种的散户农民越来越多。"我们附近有一个村,一共有1000多亩土地,最近有800多亩都要交给我经营,农民都不愿意种地了。我也不敢接,怕赔。"山东一名种粮大户说。

济宁农民王建国介绍,原先将土地流转给种粮大户,自己可以安心外出打工。现在大户把地退给他了，种也不是，不种也不是。自己种的话，耽误外出打工；不种的话，地撂荒让人笑话。思来想去，最后只好把地免费交给在家的邻居种了。

/ 补贴种粮大户是否可行 /

种粮大户普遍反映，当前粮价低，他们大多是微利保本经营，有些还赔钱勉强支撑。如果粮价继续低迷，还会有更多大户选择"毁约弃耕"。

临邑县富民家庭农场是德州市首家家庭农场，流转了3000亩土地种植小麦和玉米。富民家庭农场负责人魏德东算了一笔账，2016年，他家农场小麦和玉米的平均亩产分别为530公斤、630公斤，售价分别为2.4元/公斤、1.5元/公斤，总计收入为2217元/亩；小麦、玉米从种到收各环节的总投入为2081元/亩；综合计算下来，每亩净利润136元。

"从表面上看，种地还能赚钱。但我计算的成本中，没有计算农场中11个人的工资，以及农机具的折旧。如果将这两项成本加入，我去年不仅没赚钱，可能还赔了钱。"魏德东说。

"我流转了300亩地种粮食，一家四口人辛辛苦苦一年下来只收入了五六万元。再这样下去，还不如把地退了，我一个壮劳力外出打工都比这赚得多。"临邑县广新家庭农场负责人李广新说。

因此，要想从根本上防止"毁约弃耕"现象发生，还要从提高大户收益做起。继而，土地流转价格也会上涨。据魏德东测算，小麦价格在2.5元/公斤左右、玉米价格在2元/公斤左右，种粮大户能保本并维持正常运转；如果小麦、玉米比这两个价格高，种粮大户能盈利，种粮积极性就会很高；而现在小麦价格为2.4元/公斤左右、玉米价格为1.5元/公斤左右，种粮大户普遍亏损。

"再这样下去真不行，国家需要管管。"山东不少种粮大户希望国家能够出台与市场粮食价格挂钩的种粮大户补贴。

在种粮大户规模种植下，普通农户的利益一度成为关注的焦点。当前，粮价下跌，给种粮大户补贴是否可行？

武城县农业局局长张学丰、临邑县农业局局长王凤海等基层农业干部认为，从现实操作层面来看，国家有关部门可先测定一个能让种粮大户保本微利的小麦和玉米"目标价格"，当市场粮价低于"目标价格"时启动种粮大户补贴，补贴金额为（"目标价格"－市场价格）× 种粮亩数；当市场粮价高于"目标价格"时则不启动种粮大户补贴。建立健全种粮大户"挂钩型"补贴机制，既尊重市场规律，又保护好了种粮农民的利益。

此外，还要开展农村土地流转服务体系和农村土地承包经营纠纷调解仲裁体系规范化建设试点。德州市一名农业干部认为，基层普遍存在农村土地流转服务体系和调解仲裁体系人员缺乏、人员素质不高，必要的工作设备和工作经费短缺等问题，远远不能满足当前土地流转发展的要求；希望上级在全国范围内开展农村土地流转服务体系等相关试点，探索规范化建设经验，进而逐步规范土地流转，引导适度规模经营发展。

有专家表示，针对种粮大户"毁约弃耕"的行为，除了加强利益保障，有关部门还要加强防治力度，加强对种粮大户履约情况的监管，并对部分造成恶劣影响的"毁约弃耕"大户进行惩处，防止损害多数农民利益事件的发生。

找寻"吃得饱"的农险

□ 高云才

　　自然灾害的频频发生,让种粮大户感受到农险对规模化种粮的"保护伞"作用实在是太大了。服务新常态、新形势下的现代农业,是农业保险的方向。农业保险越来越普及后,农民希望理赔金额能保成本,也能弥补实际损失。种粮大户盼农险,农业专业合作社同样是急不可待。

＊＊＊

　　"不到颗粒归仓的时候,心总是悬着。"对于广大种粮的农民来说,农业保险的首要目标必须保基本,应保尽保;农险应提高理赔额,从"保成本"向"保收入"提升,从灾后补偿单一目标向服务现代农业多重目标转变。

/ 保基本，农险有望全覆盖 /

这几年，连续的粮食丰收还是没能让山东省汶上县次丘镇东南村的种粮大户贾维涛那颗悬着的心安生下来，他最担心的是，万一遇到灾害，这么多年的辛苦就打了水漂。

算算收入账，贾维涛还是挺满意。现在，他的家庭农场已经流转到了1700多亩土地，夏粮加秋粮两季，刨去成本，卖粮收入是100多万元。"可要是遇到灾年，减产或绝收，那连支付土地流转的钱都不够。俺们种粮的，盼望着农业保险能给吃上定心丸。"

好在这些年风调雨顺，在黄淮海平原腹地种粮的贾维涛，并没有遇到较大的自然灾害，可地处南方水稻主产区湖南省桃源县的种粮大户丁巧云就没有这么幸运了。自然灾害的频频发生，让丁巧云感受到农险对规模化种粮的"保护伞"作用实在是太大了。

从2013年开始，丁巧云开始水稻规模种植，到2015年共流转了水田2280亩，配备了包括烘干在内的全套机械设备，全年种植经营收入110万元，亩产达到0.86吨。丁巧云琢磨着，这么大规模的连续生产，遇到自然灾害，损失巨大，必须找种粮"保护伞"，投入农保。

水稻规模种植以来，丁巧云将全部流转来的水田都购买了中华联合保险公司的水稻生产保险，2014年交纳保费7736元，保了1934亩水田，2015年交纳保费10,260元，保了2280亩水田。农险这个"保护伞"，给丁巧云托了底。

痛心的是，2014年7月17日晚的一场特大风暴，将等待收获的1187亩水稻全部刮倒，直接经济损失90万元。安心的是，保险公司一次性赔付丁巧云38万元，早稻种植基本保住了本钱，并确保了后续投入的及时到位。

种粮大户盼农险，农业专业合作社同样是急不可待。

吉林省德惠市大杨子农业合作社理事长郭清莲说："不到颗粒归仓的时候，心总是悬着。"以前，合作社种地保险的意识不强，2012年一场布拉万台风让合作社损失惨重，现在合作社所有成员因此增强了农业保险意识。

2014年，合作社将流转的240公顷土地全部投了保，交了保费14,400元，尽管当年受灾面积较少，但保险公司还是赔付了17,960元。2015年，受灾面积较大，合作社交纳保费13,800元，2016年3月勘查核查已经全部做完，正在进行理赔，保险公司给种粮农民托住了底。

据悉，2015年我国承保的主要农作物突破14.5亿亩，占全国播种面积的59%，三大主粮平均承保覆盖率超70%。

农业保险有望全覆盖。首都经贸大学教授庹国柱表示，保险服务现代农业体系，是我国农业保险的根本方向。对于广大种粮的农民来说，首要目标必须保基本，应保尽保。

/"吃不饱"，农民不愿意/

当农业保险走进农村的时候，农民一开始没有太多意识，以为不重要，有没有都行。是农业保险在抵御农业风险发挥重要作用的时候，农民才意识到农业保险的重要性。现在，当农业保险逐渐全覆盖的时候，农民切身感受到，理赔金额与实际农业生产的损失相比差得很远，普遍有"农险吃不饱"的感觉。

郭清莲反映，2015年之前，吉林省玉米保险保额只有每公顷3000元，也就是说，如果一亩地绝收的话，保险公司只能赔付200元！从2016年开始保额提高到每公顷4200元，但还是太少。

现在，农业生产成本高，郭清莲2015年种植玉米每公顷成本在6000到7000元，加上土地流转费用每公顷9000元，算下来，每公顷总成本15,000元。如果遇到绝收，总成本打了水漂，而保险赔付的足额赔偿金只有总成本的1/5。"必须大力提高理赔金额的额度，俺们农民才有种粮的积极性，否则都不太敢再种粮食了。"

湖南省桃源县种粮大户燕良贵反映，南方水稻主产区种粮大户的种植成本甚至比普通农户高出一倍以上。燕良贵每亩每季水稻直接投入约为580元，其中种子、化肥、农药、农膜等物化成本235元，农机作业每季165元，土地租金每季200元，雇佣劳动力成本每季250元，并且以每年10%的增速递增。按照现在的保险政策，燕良贵失收后每亩仅赔付360元，连物化和农机作业成本都不够，农业保险的保障程度还是太低。

从农业保险供给侧看,农民"吃不饱"的诉求正在得到有效回应。中国人民财产保险股份有限公司(下称"人保")总裁郭生臣表示,人保积极发展粮食作物产值保险,积极回应农险"保额低、不解渴"的诉求,提高保险保障水平由"保成本"逐步向"保收入"提升。

截至2016年3月,人保公司在湖南、湖北、重庆等地开展的水稻产值保险保额达到每亩800元,在河南和内蒙古等地开展的小麦、玉米产值保险保额达到了每亩1000元,基本实现了农险保额对直接物化成本的全覆盖。2015年,人保为全国2160万户次受灾农民支付了136.5亿元的农险赔款。

农业部部长韩长赋表示,当前我国农业适度规模经营快速发展,农业自然风险、市场风险和质量安全风险不断累加。现代农业发展对农业保险的需求更加强烈,应加快发展以需求为导向的农业保险,提高农业保险的支撑和保障水平。

/ 对接需求,一县一策、一品一策 /

服务新常态、新形势下的现代农业,是农业保险的方向,郭清莲们还是想知道农险究竟有哪些新供给。

当前,我国农业保险已进入发展新常态。新常态是行业发展进入更高阶段的集中体现,也是农业现代化对保险业的必然要求。

政策目标:从提供灾后补偿单一目标向服务农业现代化等多重目标转变。从世界农业保险发展轨迹看,农业保险的政策目标与各国农业发展阶段密不可分。1937年,美国启动农业保险时,主要目的是为小麦等农作物受灾给予补偿。随着美国农业的发展,其政策目标也历经多次调整。2014年,美国出台新农业法案,将农业保险定位为维持美国粮食安全、确保美国民众廉价粮食供应、帮助美国农民收入平稳增长和确保美国农产品全球竞争力的重要措施。我国农业保险试点启动之初,将其定位为促进粮食增产财政保障机制的组成部分,目标是保护农民种粮积极性、保障国家粮食安全。我国农业现代化进程的加快,对农业保险也提出了新的要求。

功能作用。农业保险不断被赋予和加载新的功能作用,从基础的经济补偿向防灾减灾、社会管理、扶贫开发、担保增信和辅助市场调控等综合功能拓展。农业保险与其他行业的联系和融合日益密切，"稳定器"和"助推器"的作用日益得到体现。近年来，通过开展目标价格保险，促进农产品市场供应和价格稳定，着力解决"菜贱伤农、菜贵伤民"问题；通过将保险与无害化处理相结合，运用市场化手段引导农户主动进行无害化处理，防止病死畜禽流入市场；通过加强与涉农信贷的合作，发挥担保增信功能，协助解决新型农业经营主体"贷款难""贷款贵"问题。

发展动力。从以往主要依靠政府推动和财政补贴的单核驱动模式向产品创新、服务创新和农户参保意识增强的多核驱动模式转变。自2007年中央财政启动保费补贴试点以来，农业保险实现了跨越式发展，规模迅速扩大，截至2016年3月，各级财政对农业保险的保费补贴已达80%。

对此，庹国柱认为，横向上，农险会尽快覆盖农林牧渔各主要产业；纵向上，要与农业产业链加速融合，逐步建立覆盖直接物化成本、完全成本，甚至覆盖基本收益的保险服务体系。

韩长赋表示，当前，要深入研究农业现代化的风险特点和风险需求，一县一策、一品一策，为农业现代化提供多样化的、充足的风险保障；还要以"扩面、提标、增品"为核心，进一步扩大保险覆盖面，深化产品改革，构建保险责任广、保障程度高、理赔程序简、费率水平合理的产品体系。对郭清莲们来讲，这样的农险新供给就像小葱拌豆腐一样一清二白。

"毒地"修复，也能有景看有钱赚

□ 潘少军

　　土壤修复需要建立长效机制，科技与产业推广并重。江西贵溪探索重金属污染土壤修复机制，仅让土壤镉含量达标，就需治理10年左右。植物吸附的办法让修复看到曙光，评定标准尚在制定。降低成本，提高经济性，让修复也有产出，才能长效治理。

＊＊＊

　　"发现蚯蚓粪！""发现蚂蚁！""发现苔藓！""发现蘑菇！"……在一棵4年龄的香樟树脚下，正在扒拉灌草的中国科学院南京土壤研究所研究员周静，为这一连串"重大发现"兴奋得叫起来。
　　香樟树种在江西省贵溪市滨江镇柏里村九牛岗地区的重金属污染土壤中。随行的当地护林员老江，对周静的"失态"有些不解：不就是蹦出了几只小虫子嘛，科学家就喜欢小题大做！但对周静来说，这些"底栖生命"是传送佳音的"小天使"。"前不久，它们还没来这里安家落户，现在居然拖儿带女来了，说明这片修复区的生物多样性正在恢复。"

20世纪八九十年代，因受周边企业"三废"污染影响，在九牛岗地区的土壤中，铜、镉等重金属含量超标，其中重度污染面积2075亩。2010年，九牛岗土壤修复工程被列入国家重金属污染防治示范项目，中国科学院南京土壤研究所成为中标单位。经过5年多的治理，如今土壤中的有效态重金属浓度下降50%以上，植被覆盖率达100%。

/ 重金属污染导致耕地功能丧失 /

在一块重度污染区内，只见溪水潺潺、草木葱茏，根本看不到重金属污染的影子。远处的大片水稻田与周边景观一起，形成一派田园风光。走近观察时才发现，田里的稻株异常矮小，且叶片泛黄，稻穗间杂黑色。

"这就是我们用于研究的'镉大米'，也就是俗称的'毒大米'，可不能食用。"周静说。这块严重污染的"毒地"，经过一定程度的治理，才能种出这种水稻，但现在其中的镉含量仍高达0.7毫克／千克。如果经常食用，会导致骨质疏松，患上"痛痛病"。20世纪六七十年代，日本在快速工业化过程中，因重金属污染问题，导致不少人患上这种奇怪的"痛痛病"。

联合国食品准则委员会规定每千克大米的镉含量不超过0.4毫克，欧盟的规定是不超过0.2毫克，我国的标准也是0.2毫克。显然，上述水稻的镉含量严重超标，离达标还有很长的一段路要走。

跑来"看热闹"的当地村民陈火旺，下田摘来一串"镉稻穗"，发现谷子的灌浆较差，还杂有一些黑色的死谷子。"估计亩产也就是200来斤，远低于正常的700斤左右。"陈火旺介绍说，"前几年，由于污染过重，这块田里的水稻全部烂根死掉了，最后变得寸草不生。经过几年修复治理，现在至少能长出稻子了，我们总算有盼头了！"

据周静估计，按截至2016年10月的治理情况，让这块田镉达标成为可耕地，还要花10年左右；如果算上其他重金属污染治理的时间，还要更久。

公开资料表明，我国耕地土壤点位超标率为19.4%，重金属污染超标问题突出，镉是其中的首要污染物。"工矿企业排放污染物、农田施放化肥和农药、畜禽养殖用药等，都有可能造成土壤和农作物中的镉污染超标。"贵溪市环保局总工程师王璞阳表示，"最好的治理办法就是杜绝源头污染，因为修复的难度和所需时间远远超出想象。"

/"排毒"需要精选技术路径/

如何进行土壤修复？就是将土壤中的重金属提取出来，并将其转移到安全之处。

土壤重金属污染具有移动性差、滞留时间长、不易被微生物降解等特点，其治理和修复难以一次到位。过去，人们常采用比较粗放的办法，比如在南方的一些酸性红壤地区，人们撒入碱性石灰，降低土壤酸性，减少重金属活性，从而减少农作物对重金属的吸附量。

"但这只是权宜之计，解决不了根本性问题，还会使土壤退化、板结等。"周静表示，"对于人少地多的国家，土壤修复只需休耕或轮耕就可以了；但对于人多地少的中国，不仅要解决重金属污染问题，还要让修复的土地尽快能够重新耕种，因而难度更大。"

周静表示，目前最合理的技术路径，就是有针对性地改变土壤中的重金属活性，然后利用植物来吸附、提取和转移。

哪些植物的"提取功夫"更好呢？为了做好对比实验，周静引种了巨菌草、香根草、海州香薷、伴矿景天等数十种植物，发现它们各怀绝技。海州香薷本身对重金属具有强吸附力。据测算，在重度污染区，如果利用海州香薷来提取土壤中的镉元素和铜元素，分别需要10年和60年左右能达到我国的食用农产品产地环境质量评价标准，即可作为农耕地来耕作。

修复好不好，谁说了算？我国土壤修复工作尚处于摸索阶段，还没有具体的修复标准。周静带领的团队正在协助制定相关国家标准。除了常规的土壤修复标准外，为了评定修复土壤的健康状况，也许还要制定蚯蚓、线虫、螨虫以及微生物等单位数量标准。

制定土壤修复的国家标准，仅仅是一个基础性工作。实际上，从应用层面看，我国的土壤修复工作，需要综合考虑生态效果、二次污染、修复成本、经济效益等问题。

土壤修复需产业化推进

修复是个吞钱的事,如何让其持久推进,当地政府和科技工作者想了不少办法。

要修复污染地块,使用市场上购买或实验室制备的土壤调理剂,成本高昂,如果没有前端产业链支撑,实验证明可行的办法也难以推广。怎么办?经过调查研究,周静发现,利用附近燃煤发电厂成本极低的废炉灰,通过改性处理,做成的土壤调理剂也同样有效,而且大幅降低了前端成本。

被证明有效的吸附植物也必须有经济价值,才有可能大面积推广。东非引进的巨菌草等"能源草"就让科学家们眼前一亮。虽然对重金属的吸附比例与普通植物差不多,但由于单位面积的生物量大,吸附效果不错。同时,这些草"身高体壮",可长至2米多高,每亩干草产量高达4~5吨,相当于2吨标准煤的燃烧热值。用它们做生物质油料或燃料,有较好的经济价值。2015年,附近有一家生物质发电厂拉走了700亩巨菌草,既解决了发电厂燃料不足的难题,又让农民获得了收益。若以生物质发电厂每吨290元的收购价计算,每亩产值可达1200元左右,比种植水稻的收益还高。

引入"观赏产业链"也是一个好办法。周静团队与贵溪市政府合作,引入江西嘉禾落羽杉农业开发有限公司,种下了香樟、落羽杉、广玉兰等景观绿化植物,取得了初步成效。据落羽杉公司负责人朱斌介绍,他们共流转了2000亩受污染土地,公司从2012年开始种植这些景观植物,截至2016年10月每亩苗木市值约7万元,前不久刚卖了300多棵香樟,总金额近10万元。其余的香樟树在栽种3年后,也可逐步进入市场,前景很好。对于被流转土地的农民,当地政府按每亩500斤稻谷的价格给予补贴,农民也因此获得了一定补偿。

据王璞阳介绍,经过多年研究实践,贵溪确立了分类治理办法,"贵溪模式"逐渐成形。在重度污染区,主要种植观赏性好的本地树种,植被覆盖度逐渐达到85%以上,以实现生态恢复为主要目的;在中度污染区,种植有经济价值的纤维、观赏或经济林木等植物,以获取较好的经济效益;在轻度污染区,在保持原有农作物耕作的基础上,持续进行土壤调理,力求实现粮食作物达到食用标准。

"除轻度污染区外,在重度和中度污染区,由于修复情况复杂,我们认为不再适合种植水稻等食用型农作物。"周静表示。前年,在当地政府支持下,周静租下一处300多亩的轻度污染区进行实验。他用300多公斤土壤调理剂进行修复,并请当地农民继续种植水稻,结果令人兴奋。"经过两年的种植调理,如今稻米的镉含量基本达标,说明我们的办法有效,可以进一步推广应用。"

向前一步 "粮食银行"如何收获幸福

□ 付嘉鹏

"粮食银行"的运作主体是粮食经营企业,服务对象是种粮农户、粮食生产合作社和土地流转后的失地农民。专家认为,"粮食银行"方便了农户,有利于企业的发展,不能因为其存在风险就遏制其发展,要通过控制风险的办法进一步完善、规范其发展。

***

太仓市南郊粮管所,位于江苏省太仓市南郊镇新丰村附近。

已经在这里工作半生的粮管所主任周元勋说,在市财政的支持下,粮管所的老仓已经修葺完毕。截至2015年8月底,该所可以存粮5000吨,预计未来可以达到12,000吨的仓储规模。

周元勋拥有众多头衔,不过,最令粮食行业熟知的,并不是粮管所主任一职,而是太仓市易裕粮食银行行长。

自2006年开始探索成立"粮食银行"之后,周元勋逐步成为粮食行业的明星。不过,他当前却有一个棘手的难题需要解决,那就是如何推动"粮食银行"进一步发展,以服务更多地域的粮农。

/"粮食银行"应运而生/

所谓"粮食银行",社会上存在多种解读,业内普遍认可的是,"粮食银行"是粮食企业借鉴银行业经营模式,利用自身仓储经营条件,代农户存储粮食,在通过契约方式保障粮食所有权的同时,将粮食经营权以"定期"或"活期"的形式让渡给企业,农民按约定提取粮食(成品粮)或折现的新型粮食流通业态。

一般情况下,"粮食银行"的运作主体是粮食经营企业,服务对象是种粮农户、粮食生产合作社和土地流转后的失地农民。

在中国社会科学院农村发展研究院研究员李国祥看来,"粮食银行"的产生不是政府号召的一个项目,而是市场内生动力驱动产生的一个现象,因此,是顺应社会需求的。

也有业内人士认为,"粮食银行"不同于货币储蓄银行,不属于金融机构,也不是独立的法人单位,而是在粮食企业的收储业务中派生出的一项类似银行业务的粮食收储新业务。

"我们企业只是搞了这样类似的一个形式,但这和银行还存在着本质上的区别。"河南省一家大型面粉加工企业采购负责人介绍说。虽然名字上有"银行"二字,但"粮食银行"并不算是银行。

"农民把自产的粮食存入'粮食银行',不用担心保管质量和消费安全问题,可以根据自己的生活需要随时提取、兑换质量达标的成品粮油或者出售。粮食企业依托粮食收储库点和放心粮店等服务平台,为农民提供原粮储存、成品粮供应和品种兑换服务。"太仓市粮食局的相关负责人说。

2015年8月20日,在太仓市粮食局相关负责人的陪同下,我们一起来到易裕粮食银行,刚好碰到前来取菜籽油的周阿婆。

周阿婆不仅携带了一个空油瓶,还随身带着一本"苏州粮食银行存折"。从这张存折我们可以清楚地了解到,阿婆2010年7月17日在此开户,当时存进了21.45斤菜籽油。

周阿婆用夹杂着严重方言的普通话说,自己是这里的忠实顾客,"粮食银行"的成立，确实方便了自己的生活。

太仓粮食局的有关负责人告诉我，当地"粮食银行"的诞生，有几个重要的背景做支撑：首先，伴随着社会主义新农村建设的推进，过去分散的农户住宅逐步向新型的农民集住社区转移，居住条件和环境大大改善，生活质量显著提高，以往夏秋两季新粮收获后，农户自家储存全年口粮、口油的传统方式已不适应现代农村居住环境的新形势，迫切需要粮食企业代为储存保管；其次，在苏南等沿海经济发达地区，大量农村劳动力进城进镇集中居住，脱离农业从事二、三产业，而这些改变了生活方式的农民最大的烦恼是失地离乡后自己的口粮如何保证，这就为"粮食银行"开辟专门针对失地农民口粮保供问题的新业务提供了广阔的天地；最后，中央对"三农"工作高度重视，现代农业加速推进，粮食生产逐步向规模化、农场化发展，提高种粮收入是农民追求的目标，农民希望把商品粮存入"粮食银行"能够获得更大的收益，这就为"粮食银行"发展商品粮储存业务奠定了良好的基础。

太仓粮食局这名负责人的话，也获得了远在河南、河北、山东、湖南等地的粮食加工企业的认可。在这些企业相关部门的负责人看来，粮食企业经营需要优质的原粮，也需要大量的资金，在市场发展的过程中，"粮食银行"模式不仅有利于公司收购千家万户的原粮，也有利于企业的资金周转，因此，成为粮食企业大力发展"粮食银行"的重要原因。

/ 实效风险共存 /

对于粮食行业来说，"粮食银行"并不算新鲜事物。

山东省粮食局相关工作人员此前曾介绍说："其实，'粮食银行'的雏形，来自于'两代一换'。"

所谓"两代一换"，即20世纪80年代，各地粮食局推行的代农加工、代农储存、品种兑换等业务。

1983年，山东省广饶县开始尝试代农储粮业务，随后，这一模式在全国推广。1989年，"两代一换"模式开始进化为"粮食银行"模式。

由于"粮食银行"确实可以实现降低存粮损失、加快粮食流动、保障粮食生产积极性、降低粮价波动等作用，受到了包括政府在内的社会各界的认同，之后，"粮食银行"如雨后春笋般诞生。

太仓粮食局提供的数据显示，截至2015年8月底，全市已开办"粮食银行"7家，覆盖率达到85%以上，累计储户6.1万户，储存粮食7.3万吨。

据了解，2014年，吉林、河北、江苏、浙江、河南等17个省份共发展"粮食银行"350家。如今，上述粮食主产省的"粮食银行"网点林立，成为粮食行业的一道靓丽风景线。各地也相继探索出一些值得推广的模式，比如"太仓模式""凤台模式"等。

这一现象，也引起了国家高层的重视。

2013年9月，国务院副总理汪洋批示：赞成重视"粮食银行"探索，注意总结推广。

2014年7月，时任国家粮食局局长的任正晓表示，"粮食银行"对粮食部门传统的购销方式、流通模式进行了革命性的改造，完全不是过去那种粮库收原粮、管原粮、卖原粮，米厂负责加工，然后粮店销售成品粮的模式；现在，"粮食银行"把粮食的收储跟整个农村的商品大流通紧密结合在了一起，今后还可以把农民需要的生产资料、生活资料等考虑进来，让"粮食银行"的服务内涵进一步扩大。

然而，在监管乏力的大背景下，"粮食银行"的发展更像蛮荒生长，也逐步将潜在的风险放大。

近几年，黑龙江、山东、河南、安徽等多地均曝出消息：部分"粮食银行"倒闭，一些存粮农户"钱粮两失"。

粮食行业的一些权威专家不断对外发声，"粮食银行"的模式决定粮食所有权归农民，经营权归企业，企业在粮食经营的过程中必然会存在各类风险，如果粮食价格出现大幅波动，企业经营的风险无疑会增大，"粮食银行"的风险也相应变大。

任正晓在2015年全国粮食流通工作会议上也强调，促进"粮食银行"健康发展，加强风险防控，服务种粮农民。

如何向前一步

有反对者说,"粮食银行"的发展存在许多问题:比如说,首先,名字中含有"银行",这本身就是问题,因为所有银行必须纳入国家监管;其次,市场经济发展多年后,我们又退回了以物换物的实物经济模式,这算是一种历史发展的倒退。

东部一些省份的粮食系统工作人员表示,由于前期部分"粮食银行"出现倒闭、跑路等现象,因此,当地对于"粮食银行"推广的态度变得趋于谨慎。

有粮食系统工作人员也表示,经过多年的发展,太仓当地"粮食银行"的发展似乎进入瓶颈,寻找不到前进的方向。

周元勋也坦承,虽然在自己的努力下,全苏州地区的"粮食银行"已经逐步实现了"通存通兑",但如果仅凭一己之力,"粮食银行"想要在更大区域扩张,已经成为一道难题。

"除非企业能有中储粮、中粮一样的实力,企业的库点遍布全国,消费者才能实现全国的'通存通兑',仅靠我们这样的企业是不行的。"周元勋说。

而在乐观者看来,"粮食银行"还具有巨大的发展空间,其风险也可以通过各种手段进行规避。

"'粮食银行'方便了农户,也有利于企业的发展。从这一点上判断,不能因为其存在风险,就遏制其发展,我们应该有的态度是,通过控制风险的办法,进一步完善、规范粮食银行的发展。"李国祥建议说,"'粮食银行'完全可以采取和保险相结合的方式,来实现风险共担。"

南华期货有工作人员建议,"粮食银行"也可以和期货结合起来,期货公司可以从套期保值、风险管理的角度,提供专业的研究服务和通道业务;期货交易所可以给"粮食银行"提供交割仓库的资质。

李国祥认为,作为粮食主管部门,粮食局应该在这方面拥有更大作为,比如出台相关的风险管理办法,又或者牵头成立风险基金等。

主食产业可望实现"三级跳"

□ 胡增民

　　主食产业化项目与纺织、石化等传统的工业项目相比，具有投资小、效益稳定周期长、与农业地区资源结合紧密等特点，将成为农业和粮食主产区的支柱性产业。破解主食需求供应间的矛盾，是行政主管部门、加工企业，尤其是产业经济理论界共同面对的问题。

* * *

　　2016年4月23日，经过早晨一场雷雨的洗礼，河南郑州更显得万木葱茏，绿意浓浓。在此间举行的"中国主食产业化高层论坛"上，专家学者、管理部门领导、企业家等共聚一堂，进行了深入研讨。

/ 在创新中提升 /

　　在过去的"十二五"期间，对于主食加工业而言，似乎是迎来了"春天"。馒头、鲜面条,这些一日三餐不起眼的主食,不仅社会关注度提升,而且政策环境优化、发展速度加快。

2012年,曾被业内人士称为"主食产业化元年"。这一年,农业部和国家粮食局先后推出支持主食产业化发展的政策,随后河南、山东、山西、安徽、江苏等粮食主产大省迅速跟进,也先后出台了专项扶持政策。

中国粮油学会营养分会副会长、全国面制主食产业技术创新战略联盟副理事长屈凌波教授在演讲中特别从产业经济学的角度,以兴泰科技为例分析了主食产业化理论的提出,以及近年来以科技创新为主导,系统创新的实践成果。同时他也特别提出,未来主食产业化要健康持续发展,仍需要持续的、全方位的创新。

屈凌波称,改革开放之后,随着人民生活节奏加快和消费水平提高,从城市到农村,主食逐步由家庭自制向社会化供应转变。我国米面主食产业空间在1万亿元左右,其中面制主食达6000亿元。

在屈凌波看来,受经济、技术等条件制约,产业升级步伐迟缓,供应与需求之间存在着巨大差距。目前主食的生产以地摊、夫妻店、小作坊为主体,维持着"现蒸现卖"的销售方式。

破解主食需求供应间的矛盾,是行政主管部门、加工企业,尤其是产业经济理论界共同面对的问题。

屈凌波表示,实践表明,主食产业化项目具有投资小、市场稳定、效益释放持续周期长的特点,将是产业结构优化的亮点。在政府的支持下,以企业为主导,对作坊进行整合,使政府、企业、作坊、消费者在产业化推进中分别受益。

河南省科技厅农村处处长王备战也特别提到,产业联盟是产业技术创新的新形式之一,希望各单位齐心协力,解决全国主食产业发展中带有全局性、战略性和关键性的科技瓶颈问题。

/ 培育新的增长极 /

长期从事产业结构理论研究的面制食品国家地方联合工程中心主任刘晓真教授,被媒体誉为"主食产业化之父"。他在题为《以主食产业化为示范,促进新型经济增长极的发展》的主旨演讲中,提出了"农业资源开发"和"大健康产业"应成为我国两个经济增长极的理论观点。他特别结合主食产业化利用前沿学科技术和优化工业手段、实现全产业链系统创新的经验,说明了主食产业化的发展为其提供了可借鉴的模式。

与会代表注意到,刘晓真在演讲中反复提到,主食产业拥有2万亿的产值空间。在他看来,主食产业化只是农业资源开发的一个环节。

利用当代先进的科学技术,通过系统开发,在粮、果、草、林、蔬、药、畜、渔等领域可培育形成数百个类似的体系,即使是100个如主食产业化的板块,也会形成200万亿元的规模,完全可以完成由产业亮点到产业集群,再到新型增长极的"三级跳跃"。

而在大健康产业发展中,更应突出其产业功能,弱化政府功能,从而平衡社会功能。只有产业功能做大了,才能真正实现大健康产业辐射面广、吸纳就业人数多、拉动消费作用大的特点。刘晓真认为,主食产业化项目与纺织、石化等传统的工业项目相比,具有投资小、效益稳定周期长、与农业地区资源结合紧密等特点,将成为农业和粮食主产区的支柱性产业。

从主食产业化,到农业资源开发,再到大健康产业,农业资源和主食产业的功能在不断地丰富。刘晓真勾勒了一个规模庞大的产业经济版图。

长江学者特聘教授、中国农业大学食品学院副院长江正强博士提出,食物消费倾向关系到国家命脉——农业的兴衰;食育还关系到资源合理利用、环境保护、能源节约和国家民族的可持续发展。

/"十三五"再发力/

值得一提的是,自2012年以来,兴泰科技整合20余年来形成的技术和产业优势,在全国推进主食产业化示范项目建设,已经在全国合作建立了近20家主食示范企业,通过引入科技化、标准化、机械化、商业化手段,以"多福多"为模式,使主食加工业改变了"基因",彻底走出了散、小、乱的小作坊、大作坊模式,成为一个全新的现代主食产业集群。主食产业化的发展方式和路径为"农业资源开发"和"大健康产业"提供了示范和模板。

事实上，主食产业化正在跃升为"国家发展战略"。武汉轻工大学食品学院院长、全国面制主食产业技术创新战略联盟副理事长丁文平教授在《"十三五"粮油加工业发展规划建议》中指出，大力推进主食产业化发展，加快传统米面制品的主食工业化发展，进一步提升其社会化供应能力，探索主食品供应与"放心粮油"、应急供应、军粮供应、成品粮储备"五位一体"融合发展。

仓顶阳光工程：为"绿色储粮"撑起晴雨伞

□ 王影影

近几年，各地粮食仓储基地利用粮库仓顶铺设光伏发电系统，不但使闲置的屋顶资源得到开发利用，还通过这种技术实现了粮库隔热保温、防水防漏、环保节能等目标，间接降低了粮食的储存成本，提升了粮食储存品质，也为实现"绿色储粮"提供了新的手段。

* * *

在2016年1月召开的全国粮食流通工作会议上，时任国家粮食局局长任正晓表示，在推进粮食产业经济发展进程中，各地要充分利用粮食行业的既有资源，大力发展绿色粮食产业，加快在一些地区启动"仓顶阳光工程"新能源项目试点。

仓顶发电一举多赢

早在2012年，湖南粮食集团就利用国家财政支持的"金太阳示范工程"，与中国电子科技集团公司第四十八研究所共同建设了10兆瓦光伏发电工程项目，并于2014年6月竣工。目前，在金霞粮食物流园、丁家岭粮食储备库、开慧粮油产业园等五大园区内，总面积约12.5万平方米的标准化仓房屋顶上，整齐有序地铺设了40,800块多晶硅太阳能电池组件。

负责该项目的金霞物业公司副总经理王家平说："原来库里每两三年就需要重新对屋顶进行防水、翻修和加固，现在20年都可以不再做此类施工。仓房屋顶覆盖的多晶硅太阳能电池板就像是一把大伞，不仅有效地避免了烈日、雨雪、冰冻等自然灾害对仓房屋顶的直接损害，对粮仓的隔热、防漏、防潮和低温保湿也起到积极作用。"

据介绍，该项目年平均发电量可达960.68万千瓦时，年可回收成本约995.14万元，节约标准煤3459.99吨，减排二氧化碳8624.01吨，具有极大的环境效益和社会效益。

山东省德州市素有"中国太阳能城"之称，2014年以来，德州市粮食局对利用粮库屋顶开展分布式光伏电站建设进行了有益的探索和尝试，并取得了良好效果。据了解，德州市具有符合光伏发电要求的仓容132万吨，可利用仓顶面积30万平方米。该市规划目标是采用光伏瓦建筑一体化技术，在全市100万吨仓房屋顶建设20兆瓦分布式光伏电站项目。5万平方米粮库屋顶装机容量4兆瓦的一期工程，已经在2016年9月底建成并实现并网发电。

原德州市粮食局局长刘文元介绍："这个项目可以在25年内解决粮库屋顶防水问题，还可降低仓温5℃～8℃，这就能让企业减少相应的维修费用和保管费用。充分利用仓顶的闲置资源开展新能源利用，还能创造出可观的经济效益。"

山东省青岛市已经在1500平方米的仓房屋顶安装了150千瓦分布式光伏发电站，两年间累计发电约25万度，实现了满足自身需要和余电并网的双赢目标。据测算，该项目每年可为企业节省电费开支17万元，并有效降低粮库内部温度，间接起到"绿色储粮"的作用。

浙江省粮食局直属粮油储备库建筑的太阳能光伏发电专项示范工程，截止到2016年上半年已累计发电4万余度，通过用户侧低压并网，系统所发电量不但能满足日常生产所需，还能余电上网，实现了"零能耗"粮库。目前，该省还有7个储备库仓顶正在铺设太阳能光伏。

/"阳光普照"还需时间/

虽然利用粮库屋顶进行太阳能发电益处良多，但目前全国大部分粮食仓储企业对此项技术还处于认证和试点阶段，"仓顶阳光工程"整体推进比较缓慢。据了解，对光伏技术认识不足、初期投资成本高昂、收益回报期较长、粮库屋顶光伏电站建设技术规范缺失等问题是制约该产业发展的主要因素。

据悉，根据国家分布式光伏发电"自发自用、余电上网、就近消纳、电网调节"的运营模式要求，粮食仓储企业和光伏企业之间可有多种灵活的合作方式，自有资金充裕的仓储企业可以全额投资拥有全部产权和收益，一部分企业引进第三方投资，可获得屋顶租金收益或分享一部分发电收益。

浙江合大太阳能科技有限公司是一家专业从事以光伏陶瓷瓦及发电系统等光伏发电应用产品为主的，集研发、生产、销售于一体的高新技术企业，该企业和山东省德州市粮食局、浙江省粮食局合作的多个项目正在推进中。

"现在投资光伏发电项目的成本已经大大降低了。"该企业副总经理徐铭江为粮库算了一笔账。目前该项目的投资成本和20世纪90年代初相比下降了90%，项目收益在每年15%左右，按照这个比例，粮库一般在5～6年后就可以收回投资。

2013年后，国家对分布式光伏发电的支持政策变为直接补贴到电的形式。"每发一度电，国家会补贴0.42元，另外每个省市还有不同的补贴政策，如浙江省规定20年内每度电再补贴0.1元，湖北省5年内再补贴0.25元，这种补贴方式更合理，力度也更大，体现了国家对光伏产业的支持。"徐铭江说。

不过，笔者从粮库方面了解到，由于光伏发电受地理位置、气候、光照时间等影响较大，实际收益和设计规划之间还存在一定差距。

"目前我们实际运作的发电量能达到设计的80%左右，设计的投资回报时间也就相应延长了。"王家平说。

"仓顶阳光工程开展的前提条件是光照充足，符合太阳能电池板发电需求，因此应根据各地经纬度条件进行测算，明确实施仓顶阳光工程的地域范围。"德州市粮食局相关负责人表示。

业内专家同时指出，相比其他建筑，粮库屋顶在建筑系统结构、防水、防火等方面对光伏系统有着更高的标准和要求。

国贸工程设计院原院长张永奕说："利用仓顶光伏发电目前主要的施工方式是后期加盖，只要在施工前计算好屋顶的风荷载、雪荷载等承重，一般不会影响到粮库屋顶建筑安全，以后能够在新建粮库设计时直接将分布式光伏系统考虑在内更为便利。"

目前，针对粮食仓储企业的分布式光伏发电站建设标准规范缺失，每个企业各自有标准，还没有统一。因此，专家建议，应尽快出台仓顶阳光工程建设技术规范，对新建粮食仓储设施统一鼓励采用光伏发电技术，做到同时设计、同时施工、同时验收、同时投入使用。

国家粮食局仓储与科技司原副司长张雪在对德州市和合肥市光伏项目调研中也指出，"仓顶阳光工程"项目要在全国逐步推广开，就必须在防火、结构安全等方面做好严格把控，并制定新能源在粮库应用的标准。

徐铭江透露，目前该企业已经和国家粮食局科学研究院对接，起草国家粮食储备光伏应用的国家标准。

产量不足效益低 豆类主粮化任重道远

□ 闫巍

　　对于产量动辄达数千万、上亿吨的主粮品种而言，豆类主粮化前途是光明的，但是要解决的问题也很多，该进程的推进工作任重而道远。如果豆类主粮化也像土豆主粮化一样推广，或将从国际大豆市场进口更多的大豆，也会使陷入困境的国产大豆压榨产业雪上加霜。

* * *

　　全国政协委员、农业部原副部长、中国常驻联合国粮农机构代表牛盾2015年在接受部分媒体采访时表示，我国在进行土豆主粮化的同时，将来不排除推动豆制品主粮化的可能。

　　该言论一出，立即在行业内引发热议。

　　"2014年，我国进口大豆7140多万吨，国产大豆才1400多万吨，基本上都用来榨油。如果我国将来推进豆类主粮化，首先要增加自己的大豆产量。"长期关注进口大豆的黑龙江大豆协会副秘书长王小语表示。

/ 调整农产品结构 /

"目前进行的土豆主粮化并不是因为我国粮食安全出了问题,也不是我国主粮不够吃了,找个替代品。土豆主粮化的概念主要是对农产品的结构进行调整,特别是对谷物产品的结构品质进行调整,满足一部分消费者的消费偏好。我们通过土豆主粮化,把它做成馒头、面包、面条,让土豆的成分占到一半以上,或者占到70%,让消费者有一个更新鲜的感觉,目的就是让消费者吃出健康来,吃出口味来,吃出文化来。"牛盾表示。

2015年,我国启动马铃薯主粮化战略,也就是所谓的土豆主粮化,将马铃薯加工成为馒头、面条、米粉等主食,实现马铃薯由副食消费向主食消费转变、由原料产品向产业化系列制成品转变、由温饱消费向营养健康消费转变,作为我国三大主粮的补充,逐渐成为第四大主粮作物。

在提出该项规划的同时,国家相关部门也给出了土豆主粮化的目标,预计2020年我国50%以上的马铃薯将作为主粮进行消费。

"现在我们进口豆类的主要用途是榨油,副产品豆粕主要用于饲料。而国人吃豆类是吃得挺好的,在全世界,豆腐也就中国人吃得多。你到美欧去点餐,麻婆豆腐不用翻译,人人都懂。我们也可以将豆类做成豆面馒头、面条和豆腐等。"牛盾表示。

黑龙江农垦龙镇农场的王跃进种了一辈子的大豆。他表示,以前这里基本上种的都是大豆,收获大豆后,拿到当地的油厂里榨油后,剩下的豆饼都作为饲料喂猪。

豆饼是大豆(主要是黄豆和黑豆)榨油后的副产品,在各种植物饲料中营养价值最高。一般来讲,每公斤豆饼的干物质中消化能均在3000千卡以上,粗蛋白质含量在40%以上,蛋白质的生物学价值高于任何一种饼类饲料。其中,畜禽所必需的赖氨酸含量达2.5%~3%,比玉米高10倍。

"现在生活都富裕了,没人吃豆饼,但是我小时候能有块豆饼吃都跟过年一样,因为那时候油水少,榨油技术也没现在这么好,榨油剩下的豆饼里面其实也有不少油,吃起来也很香。"王跃进说。

除了大豆外,豆类还包括绿豆、黑豆等不同品种,目前市面上都将其作为杂粮来卖，即使进行加工，也都做成绿豆糕、黑豆粥等产品出售，但距离主食化的阶段还很远。

/ 产量如何保障 /

与土豆主粮化不同，豆类主粮化还要考虑如何提高豆类产量的问题。

"如果真的将豆类主粮化，这是否意味着我国将来也会像推广马铃薯一样大规模推广豆类产品，改进豆类种植技术和研发技术，加大豆类产量？"王小语说。

农业部副部长余欣荣曾表示，将因地制宜扩大土豆的种植面积，在不挤占水稻、小麦、玉米三大主粮的前提下，把马铃薯的种植面积由8000多万亩扩大到1.5亿亩，把马铃薯亩产量提高到2吨以上，为国家粮食安全提供更多保障。而从种植条件看，土豆适应了农业可持续发展和结构调整的新要求，有资格成为农业结构调整的主要替代作物。由于土豆耐寒、耐旱、耐瘠薄，适应性广，从南到北、从高海拔到低海拔的大部区域都能种植，相比其他作物，不仅节水、节地，还能节肥、省药。

"水稻需要很多水，但我们国家水资源紧张，尤其是北方，需要南水北调，成本非常高，这个时候种土豆就很合适，即使是山区也没问题。"中国农业大学食品科学与营养工程学院副教授范志红表示。

但与土豆不同，进入21世纪后，由于国际进口大豆冲击严重，国内大豆种植比较效益过低，我国大豆种植面积逐年萎缩，大豆主产省黑龙江省的大豆种植面积由2010年的6000多万亩降至2014年的3000多万亩，亩产产量也偏低，仅为400～500斤，所以当地农民更多的是种植效益更好的玉米。

另外，从产量上讲，我国2014年大豆产量为1400多万吨，而进口大豆量达到7140万吨，创下历史新高。

如果豆类主粮化也像土豆主粮化一样推广，或将从国际大豆市场进口更多的大豆，也会使陷入困境的国产大豆压榨产业雪上加霜。

"与土豆还有一点不同的是，我国大豆主要产区在黑龙江及黄淮海平原一带，黑龙江大豆主要用来榨油，而黄淮海大豆则更多进行食品加工，用来做豆腐或者豆皮等。这两个区域都是我国的粮食主产区，如果要推进豆类主食化，或许存在与主粮争地的问题，现在在黑龙江许多高纬度地区，原本适宜种植大豆的产区都已经转种玉米，比如黑河、北安等地。这些都是豆类主粮化推广要解决的问题。"王小语说。

抛开大豆，再说说我国豆类中的第二大品种绿豆。公开资料显示，我国绿豆多年来的生产总体处于比较稳定的状态，全国绿豆种植面积约1200万亩左右，总产量100万吨左右。而我国国内绿豆消费量多年来维持在80万吨左右，此外还有少量进口的缅甸绿豆，供需基本保持平衡。

对于产量动辄达数千万、上亿吨的主粮品种而言，百万吨的绿豆产量还略显单薄，不足以撑起豆类主粮化的构想。

"豆类主粮化前途是光明的，但是要解决的问题也很多，该进程的推进任重而道远。"王小语说。

节日效应弱化　粮油市场重构进行时

□ 付嘉鹏

　　为什么在人们生活水平越来越高的背景下，我国粮油产品的季节效应却在递减呢？许多业内人士认为，粮油行业正在重构，一方面是大量的同质化产品的存在，另一方面，一些好的产品正在异军突起，不断扩大市场份额。粮油市场正在被越来越多的创新产品所占据，正在逐步走向多元化。

＊＊＊

　　"唉，2015年的春节，过节与不过节没有什么两样啊！"孙钰潮叹了一口气，心中暗自懊恼，为什么2015年的市场那么差，以前的"节日效应"哪儿去了？作为一个踏入社会没有几年的年轻人，由于四川绵阳的家人一直经营菜籽油，孙钰潮也对粮油行业了解颇多。他知道菜籽油分国产和进口，国产价格高于进口；他知道菜籽油加工工艺分压榨和浸出，浸出出油率更多；他也知道菜籽油需求分节假日和非节假日，节假日需求量更为旺盛。

2015年春节的那段时间,孙钰潮十分困惑。

"以前过年的时候,前来厂子拉油的车都排着很长的队。"2015年2月10日,孙钰潮感觉到了一丝变化,本应大量备货的下游客户,却很少来联系他,似乎春节还很远。

/ 黯淡的备货量 /

"我们当地的普通小商店,一般都靠节假日捞一把。可2015年,包括菜馆、饭店,以及酒店等,所有客户的需求都很疲弱。"孙钰潮说,"由于这些终端客户的影响,2015年春节前夕,油厂的销量并不见提升。"

在孙钰潮看来,节假日的黯淡还表现在流动资金的减少。"2015年资金的流动明显变缓,我记得,以前节假日的流动资金应该是平时的几倍吧!"节日效应的削弱,也出现在面粉加工行业。

"可以这么说,我们腊月的一个月里,销售了两个月生产的面粉,可以说是一个月干了两个月的活儿!"山东济南一民营企业负责人介绍说,"即便如此,与之前相比,企业2015年的经营状况也不如前几年。"

济南明乐面业的相关负责人介绍说,2015年,企业的经营状况好于2014年。"2014年,企业早早就放假了!总体来说,这连续两三年的春节,面粉销量并没看出有多大改变。前几年的时候,你真能感觉出春节的不一样。一般情况下,我们厂提前两个月就会满负荷生产。"上述明乐面业的负责人说。

卓创资讯分析师李红超也曾做过小型的调研,2015年从小年开始后,国内的部分中小面粉企业开始陆续停工,有的企业在节前5天停工,相比往年,停工时间有所提前。

"能坚持到年二十八或者二十九的企业很少,据我现在了解,也只就五得利这样的大企业。"李红超说。

商超、集贸市场等终端市场,也在2015年感觉到了旺季不旺所带来的困惑。

北京锦绣大地玉泉路市场信息部主任刘敬亮说,2015年春节前市场的粮油产品销量同比下降幅度在20%左右。

"其实,诸如中秋节、国庆、元旦等重大节假日,粮油产品销量的提升都不太明显。"刘敬亮说。

浙江杭州市粮油批发交易市场信息部负责人李连庆则认为,虽然销量与往年差不多,但是米面油情况各不同。"小包装油的销量比较好,但大米和散油的销量一天不如一天。"

/ 吃的人在减少? /

为什么在人们生活水平越来越高的背景下,我国粮油产品的季节效应却在递减呢?对于这个问题,上述业内人士也无法给出统一的答案。

"我感觉,总体上应该是人们吃的面少啦!"上述济南民营企业的负责人以自己为例说,16岁的时候,自己一顿能吃1斤挂面,而现在一顿最多只能吃2两。

在他看来,并不是由于年纪的增长,自己的食量减少所致,而是由于"机器代替了劳动力,人的活动量减少,体内脂肪沉积,只能减少摄入量,所以人吃得少了"。济南明乐面业的负责人也认为,现在的节假日,大家更多的是喝酒吃菜,对面食已经失去了兴趣。

不过,该负责人表示,饮食结构的改变只是其次,面粉加工业的产能过剩才是主要原因。

"在这种严重饱和状态的市场环境里,过年对于销量提升的意义不大。"该负责人说。

在终端市场的相关人士看来,反腐和经济大环境的变化,也是节日难以提升粮油消费的重要原因。刘敬亮分析,许多单位节日福利已经取消或减少,因此,这部分提振因素也随之消失。

"杭州外来人口较多,现在许多人都早早返乡过春节啦!"在李连庆看来,由于经济环境不利,杭州的许多打工族都已经返乡,同时,大专院校的学生也已经离校,受此影响,当地的餐饮业也只得早早关张,大米和散装油的销量自然不会高。

李红超表示,近几年,国内的面粉厂家持续扩增产能,造成行业产能过剩愈演愈烈,这也导致2014年的国庆、2015年元旦及春节等节假日到来之际，市场并未迎来往常的销售高峰。

与此同时，为了笼络人心，浙江许多民营企业都会在节假日发放福利，因此，当地节假日的小包装粮油产品销量较好。

"最近，市场里一些商家也是很忙的，需要到处去送货。"李连庆说。

/ 市场正重构 /

与许多企业哀叹产品难卖，节前早早关门的现状不同，部分粮油企业却仍在热火朝天地生产。

在河南驻马店，当地一家规模较大的面粉加工企业正在加班加点生产。

"我们正在连班倒，为了保障客户的需求，预计到年二十八才能放假。"该面粉企业的车间负责人介绍，"即便如此，企业已经推掉了许多订单。"

位于郑州市经三路的华润万家超市的一位团购经理也表示，春节来临之际，部分粮油品牌的销量出现了几何级增长。

"一些品质好、品牌影响力强的粮油产品正在'攻城略地'；那些同质化的品牌，市场正在慢慢萎缩。"一业内人士说。

许多业内人士也认为，粮油行业正在重构，一方面是大量的同质化产品的存在，另一方面，一些好的产品正在异军突起，不断扩大市场份额。

李连庆也认为，粮油市场正在被越来越多的创新产品所占据，正在逐步走向多元化。

"原来，我们市场里没有橄榄油。近几年，橄榄油的品牌明显增多，同时，像鲁花花生油、长寿花玉米油等产品，销量增长迅速。"李连庆说。

"互联网+"下的大农业里程

□ 王盟

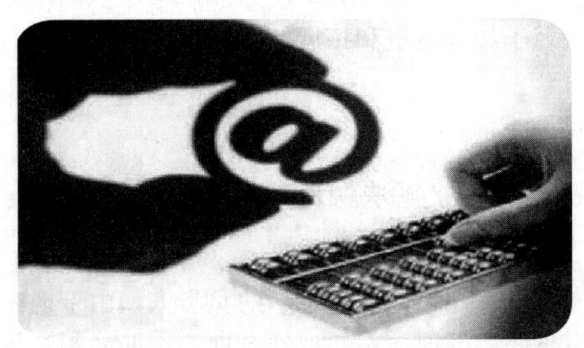

这是一个全面互联网的时代,这是一个电子商务从城市逐渐蔓延到县城、乡村的时代。互联网思维已经成为时下最为流行的思维,将"互联网+"与传统行业相结合也成为一种趋势。对于传统粮油企业,如何拥抱互联网是一个值得深思的问题。当然,大米加工行业也不例外。

* * *

互联网金融是金融模式的一个大革新,通过"众筹"等模式,集合社会中的闲散资金,去帮助那些需要解决问题的企业或者个人。这种模式摆脱了银行或者投资担保公司的中间风险,将贷款人和借款人直接联系起来,实现效率最大化。

2015年7月16日,东方集团股份有限公司发布公告称,公司控股子公司北京东方天缘粮油营销有限公司,拟于近期在民生电子商务有限责任公司旗下投融资平台民生易贷开展融资项目。

项目到期后，东方天缘公司将以返还指定商品作为还款方式，返还指定商品后东方天缘公司将不再支付给投资人相应的本金及收益。

据了解，东方天缘公司隶属于东方集团旗下的东方粮仓有限公司。这是东方粮仓有限公司首次试水"互联网金融+农业"项目，联手民生电商旗下投融资平台民生易贷推出"五常大米"众筹理财产品，消费者可在民生易贷上购买，3个月后本息将全部以"东方粮仓在黑龙江五常生产园区指定地块产出的2015年第一批稻花香Ⅱ号五常大米"直接邮递给消费者。

对于一直拘泥于如何融资和拓展销路的大米加工企业而言，这是一种新的尝试。

/ 解决融资的新渠道 /

阳老板是湖南省永州市一家大米厂的负责人，由于现在稻强米弱的行情严重，获得充足的资金保证企业持续发展是企业的头等大事，但是收购原粮、加工以及拓展市场都需要资金支持，终端市场的大米产品回款周期又比较长，产业链可谓十分紧张。他说，没有别的融资渠道，除了传统的农发行就是商业银行渠道，另外政府也会对企业给予一定的资金支持，其他的贷款渠道要么风险太大，要么对大米加工企业的高风险性望而却步，丧失了贷款的可能性。

很多大米企业会拓展一些增收的渠道，比如成为中储粮的收购点，获得一些保管和仓储费用，比如研发一些新的科研项目或者技术，获得国家高新企业技术支持，等等，但这对于每年庞大的原粮收购费用都是杯水车薪，无法打通上下游产业链，企业的资金链仍然面临巨大的风险。

"这两年储粮环节出了不少问题，收购点减了不少，2015年我们成为中储粮收购网点的概率不高，因此这笔额外的费用也挣不到了。"江西南昌一大米加工企业负责人坦承。在湖南省绿海粮油有限公司董事长贺洪林看来，每年从托市粮中拿到的保管费用和仓储费用也寥寥，对于解决企业的资金问题意义不大。

东方天缘模式无疑是提供了一种大米加工企业插上"互联网金融"翅膀的借鉴，借助众筹的模式，在知名的互联网金融平台民生易贷上开展融资项目，一方面解决了资金难题，一方面用指定商品还款的模式也为企业的商品——大米提供了销售渠道，取得了一举两得的效果。

不难看出，东方天缘开了这个先河，值得很多大米企业去学习和借鉴，尤其是那些资金压力较大，但产品又颇具特色，有一定市场占有率的有机大米企业。此次东方天缘融资500万，三个月期限，最终还款的商品也是全国知名的有机五常大米，这些都是吸引消费者的重要内容，这也为此次众筹做了充分的准备，打下了良好的基础。

不过相比传统的融资渠道，互联网众筹的模式附加的条件也值得大米加工企业谨慎选择。首先，众筹的费用和时间必须在可控范围内，不能太多，时间也不能太长，一般是一个水稻产品的一个生产周期；其次，企业的产品必须在全国，至少在当地有一定的知名度和市场空间，有一批固定的消费人群，这两者都是保证众筹成功的重要因素。与此同时，一个合适的互联网金融融资平台也是大米企业必须考虑的地方。东方天缘的投融资平台民生易贷背靠民生电商，在业内颇具影响力，这也是推动众筹成功的重要方面。

/ 提升品牌概念 /

当然，对于那些"财大气粗"，大米年销量在数十万吨的大米企业而言，互联网金融的众筹模式至多只是在一个项目上"玩一票"。毕竟他们已经在业内耕耘多年，与诸多银行都有良好的合作关系，资金问题比较容易解决，互联网的作用更多体现在品牌知名度的提升和电商平台的构建上。

东方集团股份有限公司总裁孙明涛介绍说，该众筹项目意在减少农产品交易的中间环节，重塑"五常大米"这一品牌，有望推进东方粮仓向现代农业生产服务商转型。

减少农产品交易的中间环节，对于大型大米加工企业而言，是他们必须慎重考虑的地方。如今大米的销售过程从大米出厂开始，之后经过层层的经销商和中间商，到达消费者手中的价格已经翻了几番。而互联网的模式似乎就是在帮助这些企业打造属于自己的电商平台，砍掉中间的经销商环节，将中间的利润收回公司降低成本，或者直接回馈给消费者，让消费者真正享受到价廉物美的大米产品。

"将公司的优质产品作为众筹的回报回馈给投资者，这也是一个双刃剑。如果公司的大米产品过硬，那么这批众筹的投资者将成为公司品牌宣传的重要力量。他们大都拥有一定的社会地位和资产，社会影响力不俗；如果产品出现一点问题，不仅众筹的可能性会大大降低，并且公司品牌的知名度也会大打折扣。"一位不愿透露姓名的大米企业负责人如是表示。

以上问题都需要大米企业谨慎面对。东方天缘开启了一种新的模式，但是是否成功依然需要观察。即使成功，成功的模式能否复制，能否在不同的土壤生根发芽，也尚未可知。

/ 开启电商之门 /

虽然国内农产品电商发展存在诸多问题，但政府还是积极鼓励农产品电商的发展。因此，如何找到适合自身发展的成功路径，是所有农产品电商企业需要思考的问题。

"虽然国内农产品电商发展存在诸多问题，但是政府还是积极鼓励农产品电商的发展。2015年中央一号文件及《政府工作报告》都在支持电商、物流、商贸、金融等企业参与涉农电子商务平台建设。因此，如何找到适合自身发展的成功路径，是所有农产品电商企业需要思考的问题。"商务部特聘专家、中国食品（农产品）安全电子商务研究院院长洪涛介绍。

北京粮食集团"点到网"首席运营官李学伟表示："未来10年间，70%左右的商务都会以电子商务形式展开。电子商务要成功，真正的模式应该是聚资源、创共赢的发展。我们的电商园区是平台，实现商品共享、服务共享、合作共赢。而'点到网'是渠道，可以实现商品互联网销售、B2B（企业对企业）分销为一体的销售通路。因此，北京粮食集团'点到网'也希望在发展电商的道路上与各大企业携手创造共赢。"

与此同时，这是一个全面互联网的时代，是一个电子商务从城市逐渐蔓延到县城、乡村的时代。县域经济是中国经济的重要组成部分，县域电子商务领域也成为电子商务的涉及领域。阿里巴巴集团在全国推广"千县万村"电子商务项目，京东也把触手深入农村电子商务领域，传统的粮油企业、中国基层的农民开始和当下最为流行的互联网结合起来。

农产品电商专家、吉林云飞鹤舞农牧业科技有限公司董事长莫问剑认为，如今是发展互联网的一个非常好的时期，以吉林省通榆县为例，地区政府的扶持、推动和企业的双重推动结合，全县涌现了400多家网店，农产品销往全国23个省，销售额从200万元上升到3000多万元，部分产品原产地批发价甚至上扬10%，通榆县也因此成为网上知名的"杂粮杂豆之乡"。

众所周知，对于传统粮油企业而言，如何拥抱互联网是一个值得深思的问题。对此，莫问剑有自己的看法。"一方面你得找到新的增长点，用新型手段打造品牌；一方面实现渠道再造，推动经营方式的变化，比如做一些深加工，以销定产等。尤其是O2O（线上到线下）是解决物流配送的突破口，拥抱互联网不只是做网店，要全渠道走'直供'之路。"莫问剑说。

"粮油的量整体比较大，我们曾经试着在一个渠道卖大米，结果，粮油配送上出现了难题。粮油包装也是影响粮油产品线上销售的主要因素。更重要的是，粮油产品不是标准的网上销售的产品，线上和线下必须相融合。"莫问剑说。

在莫问剑看来，"互联网+"不仅是一种工具，也是一种能力；不仅是一种要素，更是一种系统；不仅是一种概念，更是一种思维；不仅是一种态度，更是一种精神。

粮食可追溯系统的建立势在必行

□ 王盟

  从源头、生产环节，再到终端的销售环节，每一个环节出现问题都可能影响粮食的品质，建立从源头到终端的可追溯粮食体系成为行业的发展趋势。专家认为，要提高粮食质量安全保障能力，还需健全粮食质量安全监管监测体制机制，加强粮食标准体系建设，做到机构成网络、监测全覆盖、监管无盲区。

＊＊＊

  一直以来，"食品安全，粮食为先；粮食安全，质量为先"。我国粮食生产日趋稳定，粮食价格日趋合理，粮食流通日趋顺畅，但是粮食质量安全问题却令人担忧。如果粮食质量安全问题解决不好，有可能会引发区域性系统性粮食安全风险。

/ 成本与利益 /

直到2008年，一直以来被国人视为"高端大米"的日本大米才拟建立大米可追溯系统。2008年12月底，日本农林水产省发布通报，拟建立大米的可追溯系统，以及提供关于大米配料原产地信息的系统。

"此次可追溯宁夏大米体系在全国率先成立，有利于推进大米可追溯体系的建立和完善，有利于提升大米品质及质量安全水平，有利于提高企业效益和产品的市场竞争力。"中国食品科学技术学会专家组表示。

"从测土、选种、种植、加工、仓储到物流，从田间到终端，每一环节，确保权责到人。再加上北京粮科院手机客户端的研发上线，消费者通过手机客户端来扫描附着于产品上的二维码，便可追溯到产品采用自然农法耕种的一系列过程，了解每粒大米从生长到收获的所有情形。"北京市粮食科学研究院原院长贾建斌说。

其实对于大米加工可追溯体系，大米加工行业一直在探索。话虽如此，采用二维码等物联网手段以及只针对高端大米品牌，成本高，见效慢，除了集团化的大型大米加工企业之外，中小企业往往难以承受。

"采用追溯系统确实有利于让消费者对产品树立信心，不过这也对公司的生产加工、仓储监管、产品销售等各环节都提出了新的要求。另外在产品上印上二维码等工序也降低了产品的生产效率，提高了生产成本。"一些已采用二维码追溯技术的企业人士如是表示。在他们看来，如果产品的价格不高，利润率还低，没必要采用费力不讨好的可追溯体系。

与此同时，建立从源头到终端的可追溯体系，对很多大米加工企业提出了新的难题。他们必须实现对生产链条的全部掌控，比如源头的种植基地有专门的人进行管理，确保种植环节不出差错，中间的生产环节没有问题，末端的销售环节合理掌控，层层把控，这对于中小企业而言是个不小的成本，即使是大型的大米加工集团，追溯体系也不是短时间内就能建成的。

多年来，为了追求粮食产量，过量使用农药、化肥给粮食质量带来了潜在隐患。国家有关部门为了从源头上确保粮食质量安全，加快推进绿色发展，减少农药、化肥使用，大面积推广化肥、农药"两个零增长技术"，部分省份实现零增长或负增长，水肥一体化等节水技术推广面积累计超过4亿亩。

专家认为，要提高粮食质量安全保障能力，还需健全粮食质量安全监管监测体制机制，加强粮食标准体系建设，做到机构成网络、监测全覆盖、监管无盲区。

/ 追溯已经开始 /

四川省在近4年内已累计投入省级财政专项资金1.87亿元，撬动地方及社会资金15亿元以上，已建或在建18个粮食质量可追溯体系和质量监管平台，并引导8个市开展了"互联网＋放心粮油"试点。

2018年底前，南昌市将在城乡普遍建立"放心粮油"供应配送中心、示范店、连锁店等经营网点建设，试行库存粮食识别代码技术，逐步建立粮食标识制度和追溯机制，完善粮食质量安全标准体系，实行从田间到餐桌的全过程监管制度。

2015年，上海市正在通过制定地方法规，明确食品安全追溯体系的品种范围、信息公开范围。同时，上海将依靠云技术和大数据，建立食品安全信息大平台，统一食品商品代码，对进沪产品实现代码追溯。推出的《上海市食品安全信息追溯管理办法》追溯范围主要涵盖粮食及其制品、畜肉、禽类及其制品等。

据悉，正在修订的《中华人民共和国食品安全法》提出要建立最严格的全过程的过程控制，并将对食品行业建立食品安全追溯体系，确保消费者饮食安全。而在国务院印发的《2015年食品安全重点工作安排》中，食品的全程可追溯系统成为重中之重，我国多个城市和知名食品企业已经在着手布局或启动可追溯系统。

对于大米实施可追溯系统也是意料之外，情理之中。主食的安全都保证不了，何谈其他的食品安全。

/ 一些企业也正在做 /

资料显示，2011年上海光明食品集团跃进农场所属的跃进农业公司建立起农业部农垦农产品质量追溯系统，使"自然之子"大米实现产品质量可追溯，建立质量追溯系统，对有机米的生产、加工、储藏和销售的各个环节进行记录，保证每一粒"自然之子"有机米营养、健康、安全。

2013年，口口香米业被农业部农垦局指定为湖南省粮食行业唯一的产品质量追溯体系建设创建单位。该公司建立了产品质量电子数据采集系统，将所有产品的质量信息及时录入农垦农产品质量安全信息网；北大荒米业也建立了完善的大米质量追溯项目，并通过农业部的验收。

日本天价大米一事，不管事情真假，都证明了国内民众对于国内大米品牌的不信任。国内大米品质其实并不比日本大米差，可追溯系统的建立无疑可以使消费者树立这种信心，让他们对于国内的有机、绿色大米树立信心，提升国内大米市场行情。

当然，问题依然存在，正在做或者已经建立较为完善大米追溯系统的企业还只是针对高端大米，中低端大米的追溯体系的建立依然有很长的路要走。建立体系所需要的资金投入，企业在登记信息时是否诚信，监管部门是否监管到位，这些都是决定可追溯体系能否长远发展的因素。

中国粮油书系第二卷之
农经观察

米面篇

Mimianpian

走私背景下的进口大米

□ 王盟

  近年来,关于大米走私的新闻再次甚嚣尘上。业内人士表示,进口大米的成米价格与国产大米碎米价格不相上下,而走私大米价格则更低,严重扰乱了国内的大米市场。随着中国对越南大米进口的减少,越南大米出口下滑速度加快,这对于一直受到进口大米冲击的国内企业无疑是个好消息。

* * *

  成都海关通报2016年四川大米走私案件,2.44万吨越南大米、缅甸大米在四川13个窝点"变脸",案值1.1亿元,涉嫌偷逃税4052万元。
  贵阳海关缉私局的报告显示,2016年打击的三起大米走私案件,涉案金额超过1亿元,涉税近2000万元,创云南省打击大米走私纪录。
  而在为期一年的全国海关打击走私"国门利剑2016"联合专项行动中,农产品走私是打击重点之一。2016年上半年,全国海关查获大米等粮食走私犯罪案件22起,案值5亿元,涉嫌偷逃税2亿元,主要犯罪手法是通过非设关地偷运走私进口。

2016年越南大米出口减少了近200万吨。越南农业部出口部门表示，2016年成为越南大米出口最悲惨的一年。据越南海关总署最新报告显示，2016年大米出口量只有480万吨，营业额2.1亿美元。2016年中国降低了越南大米进口量，下降了70万吨，而菲律宾也降低了60万吨。

不知道走私的大米数量越南是否计算进去，但不可否认，随着中国对越南大米进口的减少，越南大米出口下滑速度加快，这对于一直受到进口大米冲击的国内企业无疑是个好消息。

/"尴尬"的进口米/

自国家加大进口大米力度之后，进口大米以其廉价对国产大米展开冲击，进口大米与国产大米的差价也让不少人士铤而走险，从国外市场，尤其是越南市场大肆走私大米。

据业内人士表示，进口大米的成米价格与国产大米碎米价格不相上下，而走私大米价格则更低，严重扰乱了国内的大米市场。

2015年以来，国内稻米加工企业饱受进口大米以及"稻强米弱"现象的冲击，企业经营出现了一定程度的困难。不过数据显示，越南2015年出口到中国的大米数量为210万吨，2016年下降到140万吨，不到越南大米出口量的三成。

在尝到数年的甜头之后，来自柬埔寨、越南等地的廉价进口米遭遇了危机。据了解，由于中国的原因，百万吨越南大米滞销。新华社报道指出，越南前江越兴米业公司总经理阮文敦认为，中国加大边境走私打击力度，规范大米进口渠道，并增加从缅甸和柬埔寨等国进口大米，是2015年越南大米出口锐减的原因。他预计中国今后将加强低价多货源的大宗大米进口，这使得越南大米必须面对廉价大米货源，特别是来自泰国大米的竞争。

众所周知，从绝对数据来看，进口大米只占国产大米数量的千分之几，2016年国家大米进口配额只有532万吨，而我国每年稻米产量在2亿吨以上，进口大米的绝对数值并不高。国家之前加大大米进口无非是为了平抑市场价格，如今进口大米，尤其是走私的进口大米影响了国内大米的市场格局，再加上政府调整大米进口格局，防止越南大米一家独大，这都让传统的进口大米市场出现许多变数。

"自我国扩大大米进口以来,影响了整个世界的大米进口格局,越南、柬埔寨、巴基斯坦等国的大米蜂拥而至,与国内大米进行竞争。而一旦降低大米进口量,依赖我国的大米出口国面临大米滞销的命运,同时国内的大米加工企业也获得了喘息的时机。"业内人士指出。

/ 利益和挑战 /

"大米走私这么猖獗,无非是进口大米价格和国内大米价格之间巨大的差额。国内南方市场稻强米弱也让国内大米价格不断抬高,与国外进口大米的差距越来越大,形成恶性循环。"江西鹰潭一家不愿透露姓名的老板说。

这无疑都是利益的诱惑。走私大米看重的是利益,国内大米企业反映进口大米的冲击看重的也是利益,国家之前引入进口大米平抑市场行情看中的也是政策和市场利益。

近段时间行情发生了变化,国内大米进口数量锐减,进口大米在市场上对国产大米的冲击力量稍弱。

"其实进口大米绝对数量也不大,但是主要集中在一些主销区,如福建、广东、广西等地,这些也是南方国产大米的销售地。进口大米降低了市场价格不说,由于品质不高,客观上拉低了整体大米的品质。近段时间这种情况有所改善。"广东清远市一家大米经销商如是说。

对于那些创新求变的企业而言,在当前背景之下,他们除了打造自己的品牌之外,早就学会了如何最大限度地降低自己的产品成本,比如设置不同的产品体系,按照KPI(关键业绩指标)原理进行管理,实现效益的最大化,或者在产品中掺入廉价进口米,等等。

"配米已经成为行业习惯了,尤其是在国产大米中掺入进口米来降低价格。这些企业还积极参与临储水稻拍卖,获取更多的大米进口配额,借以降低成本。"湖南省益阳市一大米企业老板表示。

如今国家严厉打击走私,清理粮食市场秩序,为大米加工企业竞争创造了一个良好的环境,这算是给大米加工企业带来的利好消息,但这是外部环境的改善,真正要改变现状还得依靠自身的核心竞争力。当然这是一个长远的过程,很多企业还有很长的路要走。

仿冒品牌下的博弈迷局

□ 王盟

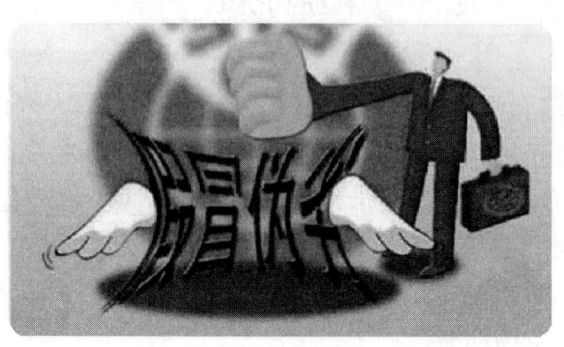

　　黑龙江五常大米、河南知名的原阳大米、进口的泰国香米等，很多知名品牌的大米都遭遇过造假事件，利益是吸引这些企业假冒名牌大米，或掺杂低价进口米的主要原因。不过，假的始终是假的，与其一直仿冒这些名牌大米，承受消费者和业内的指责，还不如专心做好自己的大米品牌，尽管这条路很难，但是这才是长久发展之路。

＊＊＊

　　五常大米造假事件这段时间被报道很多，以至于都不能算是新闻了。除此之外，河南知名的原阳大米、进口的泰国香米等很多知名品牌的大米都遭遇过造假事件。
　　究其缘由，无非是激烈的竞争环境压力以及利益的吸引。当前稻强米弱的现状依然没有改变，进口大米的冲击也在不断加强。在销量提升越来越困难的背景之下，企业一旦尝到假冒的甜头，对于整个市场的深度影响就不言而喻。

/ 利益的诱惑 /

黑龙江中米网有限公司CEO（首席执行官）常亮曾表示，目前北京市场真正的东北大米有多少谁也不知道，很多消费者是花着买东北米的钱，却不一定吃到真正的东北大米，而假冒作为东北大米乃至中国大米优质品牌的五常大米的现象则更为严重。

资料显示，五常大米的年产量在100万吨，而每年市场上销售的五常大米在1000万吨以上，多出来的900万吨大米大都掺杂其他品种的大米。相关媒体报道，在五常市周边很多乡镇，人们专门种植一些其他大米给五常大米做配套，一些企业甚至从外地购入大米进入五常，"改头换面"之后冒充五常大米进行销售。

这已经是一个行业现状。在湖南、江西、广西等地，当地很多大米加工企业都在企业的低端大米中掺杂一些进口大米作为补充。

"这也是无奈之举，现在行情这么不好，价格卖不上去，不想办法降低成本，企业的日子也没法过了。"江西上饶县一大米加工企业负责人说。在他看来，之前大米加工企业都是靠走量获取利润，现在市场竞争日趋激烈，单纯靠提升销量来获取利润的难度越来越大。降低成本、提高已销售产品的利润率才是企业获得利润的重要策略。

利益是吸引这些企业假冒名牌大米，或掺杂低价进口米的主要原因。假冒这些知名品牌不仅可以缩短企业的销售周期，获取高额的利润，还能拓展企业的销售渠道，建立自己的消费客户群。

其实很多大米加工企业都开始重视品牌的重要作用。"我们调研了东北大米加工企业，总共有1000多个品牌和商标，这其中更多是商标。大米加工企业对于品牌的认知度还不高，他们知道品牌很重要，但是如何维护和经营都还有很长的路要走。"常亮说。

很多企业在选择建立自己品牌的同时，也为其他企业代工产品，以此来获取贴牌生产的利益。这样的企业很多，甚至包括一些国家级龙头企业。

据了解，很多大米加工企业在发展自己品牌的同时，也不放弃给别人代工的机会。在广西、江西等地，很多大米加工企业都代工其他品牌的产品，或者从外地收购原米，贴上自己的品牌进行销售。

惠宜是沃尔玛超市旗下重点推广的三大品牌之一，一些惠宜牌大米就是由我国大米加工企业进行代工生产。"我们就代工过惠宜牌大米，沃尔玛没有自己的大米加工厂，我们帮助代工，一方面可以赚取点代工费用，一方面还能吸收沃尔玛发展品牌的经验。"江西鹰南贡米集团董事长杨正青说。

假冒那些已经形成很高知名度和美誉度的产品显得理所当然，因为虽要冒一定的风险，但普通消费者对于大米的品质和品牌了解程度不高，这就给商家提供了掺米和假冒知名大米品牌的机会。

/ 假冒非长久之计 /

"仿冒"如今的说法应该是"山寨"。

如今中国各行业"山寨"成风，"山寨"一些业内知名大米品牌自然也无须惊讶，只是对于那些被"山寨"的大米品牌而言，无疑是灭顶之灾。

"大米是主食，是要吃到肚子里的东西。'山寨'大米产品品质无法保证，如果单单是口感上有差异还好说，万一出现食品安全问题，辛辛苦苦打造多年的品牌很可能付诸东流。"

不过，在当前颇为严峻的竞争背景之下，一些加工企业依然在坚持自己的发展之路，努力打造企业品牌的标的市场和知名度。

"品牌的打造是需要过程和时间的，冒充别人的品牌虽然可以在短时间内获得高额的利润，但并不能长久。企业必须从自身出发，一步步地建立属于自己的品牌，进而将品牌拓展成为当地乃至区域性的知名品牌。"相关人士表示。

同为东北地区大米品牌，吉林省相关部门已经成功将"松花江大米"带向全国。据了解，2014年"健康米"工程被列为吉林省省政府重点工作，吉林大米品牌建设正式"开工"。近日，长春"松花江大米"登陆天津市场。长春市粮食局与天津市粮食局签订了粮食产销战略合作协议，长春市大米协会与天津市粮食储备有限公司签订了粮食产销合作战略协议。

在湖南永州地区,"天龙一号"已经成为当地一个知名大米品种,由此延伸出来的"天龙一号"大米在当地乃至周边的广东省、广西壮族自治区等区域都有较高的知名度,如今已经形成了一条稳定的生产链条,即农民上游种植"天龙一号",中游大米加工企业高于市场价收购,下游对目标市场进行销售。

"'天龙一号'已经在当地推广了数百万亩,在给农民带来收益的同时,我们也获得了源源不绝的原粮。'天龙一号'属于中高端籼米,价格要更高一些,口感和品质也十分出色。"湖南天龙米业有限公司副总经理彭湘华表示。

早在2012年,湖南灯塔米业有限公司总经理龚育冬认为,低端大米销售占据公司销售收入主力,中端和高端大米虽然利润率高,但是量少,且需要打造品牌,见效较慢。到2014年底,灯塔米业旗下的"万福香"品牌却获得中国驰名商标称号,龚育冬对大米品牌的理解发生了巨大改变。

的确,食品安全问题频出给消费者带来了很多困扰,他们不得不追求那些在全国具有知名度的品牌。不少经销商和大米企业抓住消费者这种心理,谋取不菲的利益。不过,假的始终是假的,与其一直仿冒这些名牌大米,承受消费者和业内的指责,还不如专心做好自己的大米品牌,尽管这条路很难,但是这才是长久发展之路。

大米品牌"千人一面" 需深挖"新卖点"

□ 赵瑞华

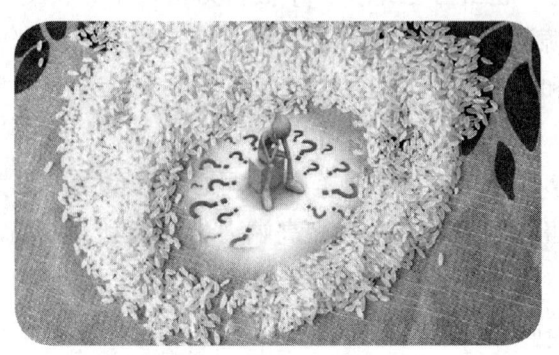

目前,国内很多大米产品营销仍只是注重产地的宣传,以地域代品牌,企业对产品自身品牌的树立不够重视,因此产品差异不明显,价格差距也不大。目前我国大米企业品牌建设相对落后,企业对大米的市场定位依然守旧。我国地域辽阔,从北到南都有大量水稻种植,各种差异因素使大米产品各有差别,国内大米差异化品牌营销大有潜力可挖。

***

一直以来,国内很多大米产品营销仍只是注重产地的宣传,以地域代品牌,企业对产品自身品牌的树立不够重视,因此产品差异不明显,价格差距也不大。

长久以来,大米作为一种家常主食,并没有在消费者心中激起较浓的品牌意识,品牌忠诚度更无从谈起。

随着消费市场细分群体的不断增长和市场竞争的加剧,国内大米加工企业逐渐开始重视品牌建设。相比快速消费品行业,利润微薄的大米行业品牌化之路走起来要艰难和生涩得多。

/ 米企数万,品牌寥寥 /

我国是世界上最大的大米生产国和消费国,不完全统计显示,国内大大小小的大米加工企业加起来近3万家,然而真正能让消费者想起来的品牌却并没有几个。

走进国内大型商超,会发现销售最多的是国产散装大米,而货架上的小包装品牌大米中,金龙鱼、北大荒、福临门"三分天下",占据了主要位置。

在北京以及全国各地的粮油批发市场,更多的袋装大米上面,"五常大米""盘锦大米""东北大米""安徽大米"等地域性字眼远比企业的品牌和商标更明显。

2014年,中国人民大学农业与农村发展学院曾做过一项"大米品牌"调查,消费者印象最深的大米品牌从高到低为:五常、盘锦、北大荒、福临门、古船、七河源、金龙鱼、金健、米字、利是、御泉。位居榜首的"五常"所占比例未超过20%,而且五常、盘锦均属地域品牌,北大荒、福临门、金龙鱼等又属企业品牌。

参与调查的专家认为,目前我国大米企业品牌建设相对落后,企业对大米的市场定位依然守旧,以品牌分层来进行市场细分的意识依然淡薄,将营销做精做细的超前思维依然不足。

伴随着我国居民收入的提高,国内市场对优质米的需求出现较快增长,高档进口大米陆续侵占国内市场,国产大米面临新的竞争和挑战。根据日本农业合作协会全国联合会的数据,2014年日本对华出口大米总量为160吨,较2013年的出口量增长了2倍多。

这表明国内大米市场的消费细分趋势在不断加强,消费者在解决温饱问题之后,开始追求更高端的主食消费品质,中国大米在高端品牌化方面的发展则未能跟上。

一位大米加工企业的负责人表示,对于国内消费者来说,现在一提到高端大米，中国人首先想到的是日本米、泰国米，而国内像五常的"稻花香"这样的好米又不容易买到真货。

/ 国产大米"千人一面" /

大米作为一种必需的日常消费品，需要经过蒸煮加工后才能食用，这就使一般消费者购买时只能通过外观进行简单鉴别，不能立即判断其口感和内在品质。因而树立品牌、依靠品牌形象让消费者进行品质的联想就显得十分重要。

综观国内大米品牌市场，除了产地、包装物、包装形式略有差别之外，国内大米同质化现象非常严重，呈现"千人一面"的态势。

业内人士总结了国产大米在品牌营销上有四点症结，即品质、特点的营销不突出，宣传缺乏科学依据，品牌战略缺乏系统性和持续性，差异化方法单一。

"从大米品牌上来说，差异化并不明显。国内比较知名的有益海嘉里、中粮、北大荒。提到中粮，消费者想到的是大型央企，益海嘉里则更多地跟油联系在一起，北大荒则代表的是东北大米，而大米产品的属性和特质挖掘则还差一些。北大荒的大米在消费者心里代表着什么、品牌忠诚度如何培养，是未来品牌差异化建设的重点之一。"北大荒米业企业发展部部长丁振华说。

目前，国内很多大米产品营销仍只是注重产地的宣传，以地域代品牌，对产品自身品牌的树立不够重视，因此产品差异不明显，价格差距也不大。

/ 品牌突围需亮"新卖点" /

丁振华认为，国内大米品牌差异化主要体现在地域和品种上，对产品概念、功能的挖掘还有待加强。

虽然中国有七千年的水稻种植历史，但在国内大米消费市场进入新的阶段之后，国内大米加工企业需向更早迈入品牌米、优质米消费时代的日本企业学习。

据介绍，日本的米企在依靠农业科技进步提高大米的质量和产量的同时，也非常重视产品的特性宣传，树立了许多知名品牌，如北方的"樱花"、中部的"春阳""幻之米"、南部的"佐贺的梦"，以及向中国国内出口的"越光"和"一见钟情"。

以日本"越光"牌大米为例，系"越光"品种水稻加工而成，品种+产地=品牌，"越光"既是品种，又是品牌，质量能够保证一致。

反观国内企业，对于优质大米品种的重视则没有体现出来，往往出于收购成本考虑，将不同的品种混在一起收购、加工，此举无疑会严重影响大米的品牌声誉。

据了解，日本的大米商品差异化主要从性能质量，产品基本功能的特色增补，产品外观设计、尺寸、形状、结构的形式差异等方面着手进行。

日本北海道某大米曾打出一个"雪藏米"的卖点，利用当地冬季积雪多的优势，将积雪储藏到雪库中，然后将冷风引入稻谷储藏库，达到低温储藏，而在我国同样雪多的东北地区，尚没有企业利用这个卖点。

丁振华说："品牌差异化营销，在确保质量安全的基础上，大米加工企业要加强对产品属性、特质、卖点的挖掘。现在国内大米主打的还是独特的生长环境，比如五常的稻花香、响水的石板米，而对大米产出之后的收割、储藏、加工环节的卖点的挖掘和打造尚需加强。"我国地域辽阔，从北到南都有大量水稻种植，各种差异因素使大米产品各有差别，国内大米差异化品牌营销大有潜力可挖。

超级稻事件追问：产量和品质可否并存

□ 王盟

  一直以来，超级稻作为杂交水稻的佼佼者，已经发展到第四期，从最初的700公斤一直到2014年9月亩产突破1000公斤。在稻米产量不断增加的同时，消费者对于大米品质的要求也在不断提升，从高价追求日本大米就可见一斑，那么大米的品质和产量能否共存呢？

＊＊＊

  2015年，关于安徽超级稻导致减产绝收的争论还在继续。
  农业部副部长张桃林在国新办发布会上表示，超级稻是非常重要的行动计划，是保证国家粮食安全非常重要的手段。安徽两优0293超级稻出现了减产和绝收的情况，张桃林认为每个品种都有适应的区域。"这个品种在正常年份是适宜的，但是2014年是相对比较特殊的年份，品种抗性不足的问题就显露出来，所以还是要加强品种的适应性评估。"张桃林说。

/ 安全为主 /

杂交水稻为中国的粮食安全做出了巨大贡献，这无可厚非。伴随着超级稻工程的推进，以及超级稻种子的种植面积越来越大，我国的水稻产量也不断攀升，2016年水稻产量实现2.06亿吨。杂交水稻的推广面积也越来越大，不仅仅局限在国内，甚至涉足非洲、东南亚地区。

杂交水稻之父袁隆平曾表示，如果世界上50%的稻田种上杂交水稻，增产的粮食可多养活4到5亿人。

杂交水稻的发展，尤其是超级稻项目的推广，不仅提高了稻米的产量，也为国家的粮食安全做出了一定的贡献。因其产量高，杂交水稻也是农民喜爱的品种。如今国家推行稻米收购保护价政策，亩产越高，到农民手里的钱就越多，也越能调动农民生产的积极性。笔者从湖南、江西、湖北等地了解到，杂交水稻成为这里的主要稻米品种之一，虽品质一般，但产量比其他稻种高出不少。

"2015年初国务院专门出台了关于'粮食安全省长负责制'的相关文件，粮食安全被摆在了很重要的位置。推广种植超级稻或者杂交水稻等高产品种，可保证国家的粮食安全，稳定农民收益，同时也可以有效地解放耕地，种植更多高产有效的经济作物、经济林等。"业内人士指出。

无疑，粮食安全的核心是"供需平衡"。我国拥有14亿人口的高压导致我国农业生产战略大都以数量最大化作为主要目标，每年粮食产量增加也成为地方农业部门、涉农部门最为耀眼的政绩。对以稻谷作为主粮的南方地区来说，超级稻这种产量高、抗性好的水稻品种自然成为推广的大头。

"如今消费者已经从吃得饱过渡到吃得好的阶段，超级稻由于产量高，品质、口感、抗性相比普通水稻较差，难以满足消费者吃好的要求。"有学者表示。

众所周知，作物的品质和产量往往成反比，往往产量越高，品质就较差。有机大米的品质之所以能够超过普通大米，在于每亩的产量只有300～400斤，不及超级稻亩产的一半。

/ 品质还是数量 /

"我们当然更看重品质、营养和健康。大米是日常主食,吃的又不多,当然想吃那些好的,贵一点也无妨。"正在选购泰国大米的消费者张先生说。

虽然现在很多企业已经与农民签订了订单收购协议,种植企业指定的稻米品种,但是农民的履约率往往较低,什么品种赚钱、什么品种需求量大成为左右他们种植的关键因素。

"这是一个引导的过程。中低端大米依然是销售的主流,但是高端大米是我们的招牌和拳头。我们在龙虎山的有机大米基地已经成熟。同时我们在上海、广州等地设立专门的高端大米展示店,让消费者了解我们的大米品质,同时引导消费者去习惯购买这种品质的大米。"江西鹰南贡米集团董事长杨正青说。

许多大米加工企业和农民签订订单,让这些农民种植他们指定的品种。他们往往以高出市场价10%~15%的价格进行收购,借此提高农民种植这些品种的积极性,一旦农民尝到甜头,种植高品质大米的积极性也会增加。湖南天龙米业有限公司将旗下的"天龙一号"大米向周边地区进行推广,种植面积达数百万亩,公司不用担心原粮之虞。与此同时,该公司每年以高出托市的收购价进行收购,让农民吃定心丸。

另外,一些"财大气粗"的公司还选择进行土地流转。他们在和农民签订订单的同时,也选择进行土地流转,试图在源头建立属于自己的种植基地,并对这些种植基地进行专门化管理,确保大米品质。不过这也要承担一定的风险,这些风险一方面来自于土地流转带来的高额费用,一方面是管理时的人工成本,等等。

中国人民大学郑风田教授曾经表示,他去日本调研时发现日本人只吃亩产600斤以下的大米,600斤以上的都作为动物饲料。不过中国的国情与日本不同,人口众多,保证粮食安全任务更为严峻。虽然推出了目标价格体系部分作物试点,但是主要粮食作物,如稻米的价格体系改革还有很长的路要走,而价格是影响农民选择种植何种稻米的主要因素,从追求数量到追求品质的路还有很长。

话虽如此，杂交水稻之父袁隆平也发出了自己的声音。

"在20世纪，我们杂交稻确实主要是解决温饱问题，以产量为主，品质放在次要地位。现在大家生活水平提高了，老百姓不满足于吃饱，还要吃好，所以我们在进入新世纪的时候就做了战略调整，要高产优质，但是我有个前提，不以牺牲产量为代价来求优质，我们要在高产的前提下求优质，这个转变难度很大，但我们做到了。"袁隆平说。

优质稻育种赶超日本 "好吃"大米迎商机

□ 赵瑞华

  我国有7000多年的水稻栽培历史,可谓当之无愧的水稻故乡。日本大米会成为部分国人追捧的热点,与国内消费需求的变化密不可分。一直以高产、保证大众口粮为目标的国内水稻育种,面对消费需求的新变化,是否到了由"高产"转向"好吃"的调整期?

* * *

  跨海越洋扛回的日本大米,被曝产自国内,一场全民参与的"日本大米是否比国内大米好吃"的公共争论,以这样一种滑稽的方式落幕。
  相比被部分国人追捧的日本大米,国产大米能否满足国人日益"挑剔"的嘴巴?国产优质大米相比日本大米有何差距?一直以高产、保证大众口粮为目标的国内水稻育种,面对消费需求的新变化,是否到了由"高产"转向"好吃"的调整期?

/"好吃"大米受追捧/

我国有7000多年的水稻栽培历史,可谓当之无愧的水稻故乡。日本大米会成为部分国人追捧的热点,与国内消费需求的变化密不可分。

据介绍,20世纪70年代,日本经济开始崛起,稻米消费也进入过剩时代,"更好吃的大米"成为日本国民消费的新需求,自此日本农业工作者开始把提高大米食味值作为下一阶段育种的最重要目标。

随着国民生活水平的提高、食物多元化的呈现,加之体力劳动强度的减弱以及人口老龄化水平的不断提升,国内人均大米年消费量呈现下降的态势,大米消费开始从"吃饱"向"吃好"逐步转变。

吉林省粮食专家刘笑然介绍说,随着大米供给的宽松,国内水稻品种选育也应该更加注重大米的品质,培育优质的食用品种,提高大米的食味值。

"日本的一些大米品种,为了保持大米的食味值,通常会提前一周到十天收获,以控制大米中的蛋白质含量,因为蛋白质含量一旦超过一定的数值,会影响大米的口感。"刘笑然表示。

据了解,随着我国人口平均热量需要的下降,未来粮食需求的增长很可能落后于人口总量的增长,甚至可能抵消因收入增长、消费结构变化而增加的粮食需求,优质品种将会逐渐成为水稻育种的发展方向。

"国内的优质水稻育种是从20世纪80年代开始,原则就是首先外形要好看,不然消费者不中意;其次要好加工,不然加工过程中长粒籼稻很容易产生碎米;最重要的则是要好吃,而如何让其好吃则牵涉到很多数据。"中国水稻研究所副所长、优质水稻育种专家胡培松介绍说。

/优质稻育种不比日本差/

越光、秋田小町、一目惚……朗朗上口的日本优质大米品种,经过此轮"抢购日本大米"的公共性争论之后,开始被更多的国内消费者熟知,也让国内许多优质稻米"相形见绌"。

国产优质大米相比被追捧的日本大米是否"矮人一头"？中国工程院院士、水稻育种专家陈温福认为，国内优质东北粳稻到处都是，像五常的"稻花香"，品质上绝对超过日本的"越光"米。国内水稻育种多年来一直以高产为基础出发点，因为我国与日本的国情不同，我们的水稻生产首先要满足大众化的口粮需求，保证口粮绝对安全，但我们在优质水稻品种选育方面并不比日本差。

谈到春节期间国内游客抢购日本大米的事件，陈温福则表示，个别国人购买的"一目惚"大米，基本都是产自国内又少量出口到日本的"农林313"，其品质绝对赶不上日本的"越光"米，更赶不上五常的"稻花香"。

黑龙江省著名水稻专家肖青玉也表示，东北地区的大米以好吃而闻名，其实早在20世纪80年代之后，东北粳稻的育种已经不再单纯追求高产，而是产量与品质并重，即优质而稳产。

在国内最著名的东北大米产地黑龙江省五常市，被称为"稻花香2号"之父的田永太介绍说："'稻花香2号'是一个典型的优质水稻品种，现在每年我们在对它进行提纯、扶壮的同时，还在进行新的品种研发，目的就是寻找到适合五常地区种植、品质更为优秀的水稻种子。"

田永太表示，目前手中已有几个品质更好的稻种品号，新品种选育过程中的首要目标就是品质要赶上或者超越"稻花香2号"，同时要考虑其抗寒性、抗倒性，产量也要跟得上。

刘笑然则强调，日本人对水稻种植要求相对严格，尤其是对自家食用的大米，并且在收割、储藏、加工、消费各环节都比较重视对大米口感的保障，这也非常值得我们学习。

/ 优质大米迎机会 /

日本大米被抢购，一方面反映出部分消费者盲目跟风的消费习气和猎奇心理，但同时也折射出国内大米消费需求的新变化。国内中产阶级消费群体的不断壮大和对大米品质的重视，或令优质大米消费迎来新的市场机会。

肖青玉认为，从大米消费来看，我们早已进入"吃得饱"的时代，要求"更好吃"的消费群体不断壮大。

目前国内大米市场上一些主打有机、生态的大米企业，已经开始在优质稻种植方面走出一条新路。

长春国信集团是一家多元化经营的企业集团，近年开始涉足有机、生态农业的种植。国信集团柳河农业公司种植负责人姚祥存说："目前基地种植的主要是'五优2号'，是吉林省水稻研究所从'稻花香2号'中培育出来的一个长粒水稻品种。水稻研究所专家在种植期的指导也让水稻种植更合理、更科学，以种出更为优质的大米。"

从大米加工企业的角度来说，肖青玉认为，产品质量是企业的生命线。从长远发展来看，大米加工企业肯定要培育自己的品牌，主打优质、高端米，那么就需要优质的水稻原粮和种子，因而更加注重品质的优质水稻育种将有更多的市场空间。

谈到水稻育种是注重大米品质还是注重产量时，陈温福院士则认为，从我们国内的大米供给形势来看，可能某些年份会略有过剩，但大势仍是紧平衡，因此，我们不能因为满足小部分人的消费需求而牺牲大部分老百姓的口粮安全，国内水稻育种仍需要以保障口粮消费为主。

胡培松也表示，目前国内的水稻育种也不是单一的以产量为主，对其后加工出来的大米品质也很重视。消费者对大米品质的要求越来越高，这就要求我们对水稻育种更加重视品质，但国内水稻育种也不能因此单方面重视优质稻，还是要高产优质并重。

微商卖米面 监管谁来担

□ 付嘉鹏

当前,微博、微信迅速发展成为各类商品的销售渠道,各式各样的产品仿佛一夜间侵占了网友们的手机屏幕。不过,只依靠道德约束的"朋友圈"假货横行,如果政府不出面监管,米、面、油等食用产品的造假会给全社会的食品安全带来无法估量的后果。

* * *

"朋友圈有些朋友平时看着挺好的,发个吃的、上哪玩了、干了点啥都挺正常的,可突然有一天,吭叽一下,好好的一个人代购了,没任何征兆,代购了,年纪轻轻的,可惜了,唉!"伴随着微商的崛起,上述搞笑段子也迅速在朋友圈流行。

当前,微博、微信迅速发展成为各类商品的销售渠道,各式各样的产品仿佛一夜间侵占了网友们的手机屏幕。然而,对于短时间内崛起的微商,网友们所持态度各异。

在一些网友看来,将生意做给熟人,把"朋友圈"转变为"生意圈"

无可厚非。不过，大部分网友认为，只依靠道德约束的"朋友圈"假货横行，如果政府不出面监管，许多产品出现的造假，特别是米、面、油等食用产品的造假，会给全社会的食品安全带来无法估量的后果。

/ 刘雯的生意经 /

作为一名家庭主妇，河南省驻马店的刘雯自从结婚之后就待业在家。在孩子踏入幼儿园之后，李雯考虑回归社会，重新工作。

"在家待久了，突然不知道能干什么。"与许多家庭主妇存有同样的困惑，刘雯起初并未找到自己的择业目标。

2014年的一天，刘雯在刷微信的时候发现，自己的朋友圈中多了一些"叫卖化妆品"的朋友。

"销售化妆品，我没有渠道。不过，我突然想起来，我老公位于豫北的老家盛产小米，我是否可以经销呢？"经过一番考虑，刘雯决定投身微商。

刘雯先请老公帮助从老家进了一些散装小米。随后，由于她此前曾经接触过广告公司，交往了一些包装设计、印刷方面的朋友，她便一一联系了这些人，请他们帮忙设计包装。

在刘雯的不断催促中，她自己命名的散装小米品牌正式诞生。她的小米产品不仅运用了真空包装，而且带有礼盒装，从外观看，与超市所售"高大上"的产品无异。

为了充分融入微商圈，提高自己的营销能力，刘雯多次参加了一些机构组织的微商大会。参会之后，刘雯坚信，提高自己微信内容的感召力，提升自己的影响力，是微商销售成功的关键。

在经过不断的努力之后，刘雯微信的影响力不断扩大，其产品销量也不断提高。

"因为刚起步，我的小米其实并不赚钱，等人气上来之后再说。"刘雯说。

不过，在经营过程中，刘雯也逐渐感觉到货源不稳定带来的压力。物流、人情等各方面的关系，都或多或少影响着货源。

为了能随时供货、不因缺货影响生意，刘雯悄悄从当地的批发市场买来了一袋50斤装产自山西的散装小米。"微商主要是在经营个人魅力，其实货并不太重要。"刘雯说。

/ 是非微商 /

微商于2014年在朋友圈内如火山爆发般喷涌而出。一些人认为，微商最早始于2012年。虽然已经流行多年，但微商仍无精准定义。

据百度百科，微商一般是指以个人为单位的、利用web3.0时代所衍生的载体渠道，将传统方式与互联网相结合，不存在区域限制，且可移动性地实现销售渠道新突破的小型个体行为。

有媒体也曾经报道，截至2014年，微信用户已经突破4亿，其中做微商的就有数千万人。

在许多推崇微商，或者以微商培训为主要业务的机构业者看来，微商即将迎来井喷时代。同时，国家也将积极鼓励微商的发展。

国家工商总局市场司司长陈尚明的一句话，被上述许多业者捧为"金句"："2014年微商为中国创造了100多亿的价值，所有的企业能走微商的，就要走微商的道路。微商在中国是势在必行。"

据了解，微信微商分两种：一种要经微信认证，提交多种手续，待核验完毕后开通微商功能，这部分微商通过公众号或者APP（应用程序）来收款；另外一种，也即微信微商的大多数，未经过微信平台认证审核，以个人名义在朋友圈发布照片和广告，结算费用进入个人账户。

不过，在许多消费者眼里，这部分微商虽未认证，但因为与自己相熟，所以感觉受骗概率较低。

然而，从网上爆料曝光的微商不诚信事件来看，坑害多数消费者的微商，几乎均未经认证。

"坑就坑了呗，除了以后不再买，还能怎么样？"一位网友在购买假面膜后说。

/ 需审慎对待 /

众所周知,微商以经营化妆品居多,正可谓"十个微商,八个卖化妆品"。

中华全国工商联美容化妆品业商会微商专业委员会主任委员方征宇在公开场合说,微商拥有超过1000万的卖家,其中80%是卖面膜的。

随着时间的推移,许多农产品也走上微商的平台。

黑龙江省哈尔滨的一位名为"新农人"的微商表示,由于当地的五常大米名气较大,因此,自己也开始做微商。"还没有做多久,不过,客户已经遍及北京、上海、福建等地。"

一位名为"城市对接农村"的网友,经常在微博上售卖各种具有地方特色的农产品。他介绍说,城市对接农村是自己发起的一种农产品电商模式。他们去全国搜罗无污染乡村的安全农产品和美食,带给大家,希望以此让一些网友吃到安全放心的食品,也直接提高农村朋友的收入。

不过,在他所发布的"售卖山东临沂沂蒙山区自产小黄米"的图文中,就有网友指出,所售卖产品是小米、粟米,而不是小黄米。

好多微商认为,自己确保产品质量的方法有很多,但最主要的是,一靠信誉,二靠自律。

有业内人士认为,米、面、油等产品具有很高的特殊性,也事关人体健康,因此,需慎重对待包括微商在内的"网购"产品。

北京一家律师事务所的助理律师杨晓燕认为,微商还未得到严格监管,买卖双方的权益很难得到法律保护,消费者应审慎对待。

也有电商人士认为,微商是顺应大数据发展趋势和市场发展需要出现的新生事物,应予以鼓励,然而,出台合理的、符合实际的政策来维护经营秩序,已成当务之急。

每亩万元种大米　农业高端认购谁埋单

□ 付嘉鹏

虽然平均25元/斤的大米单位定价遭到舆论的质疑，但"e亩良田"的运作方式，保证了产品的产地、加工、供应，在各个环节增加的实时监控提高了透明度，确实不失为一种独到的方式。"e亩良田"将逐步转化为农副产品的高端购买平台。

***

河南郑州市民刘明最近正在为创业一事四处奔走。

"我在市郊租了40亩地，想着做点儿生态农业。"刘明初步的打算是，将这块儿地打造成市民的私人领地，吸收一定的会员，各个会员承包并管理自己的"一亩三分地"，而刘明带领的团队负责管理及后勤工作。

问及刘明为何会有这样的想法，她反问说："这样做现在难道不流行吗？"

近几年，许多大城市开始兴起一句话——"自己做地主"。许多公司打着"私人领地"的旗号，借着缓解工作压力的口号，吸引那些崇尚田园生活的白领回归自然,"开心做地主"。不过,细细观察,这些公司更多以"果蔬"为经营主业,涉及粮食品种的较少。

/ 五常大米破局 /

2014年的最后两天,中国粮食城的"e亩良田"项目对外公布。

仔细看看这份项目说明,中国粮食城已在五常大米的产地——黑龙江五常,拿到国家认证的5000亩有机稻田基地。中国粮食城将以一年一万元每亩的价格对外认购。

"通常一亩地大概能产稻谷1000斤,五常'稻花香'的生长周期较长,亩产略低,因此,亩产在800斤左右。按照一般的加工技术,这800斤稻谷可以加工成不到400斤精米。这样算下来,一亩地可以满足三口之家一天一斤有机大米的需求。"中国粮食城的相关负责人在推介会上说。

据了解,不仅如此,中国粮食城还将推出增值服务,认购的会员一年还可以有一次机会免费参加"全家生态两日游"。会员带领三口之家,走进五常"最美丽稻田",到田间体验稻谷生产的乐趣。

中国粮食城相关工作人员介绍说,综合考虑,"e亩良田"项目的认购会员不仅仅是在购买大米。"首先,有机水稻亩产800斤,按照45%的出米率,得360斤,一万元钱会换来一天一斤正宗的有机五常'稻花香'大米;其次是生态观光旅游,我们会组织会员带领家人到种植基地体验游;最后,我们还将会把农产品和互联网结合,在成为我们的会员后,可以得到在我们的平台专享购物的服务。"

据介绍,"e亩良田"将逐步转化为农副产品的高端购买平台,前期以五常大米为主,后期会把各地的高端农副产品吸收进来。

"比如东北的有机黑木耳,或者宁夏的枸杞等,我们的会员可以尊享高端定制产品。"上述工作人员说。

/ 谁埋单"高大上" /

不过,"e亩良田"平均25元/斤的大米单位定价,还是遭到舆论质疑。

该项目发布之后,舆论哗然。据项目发布地——上海当地的媒体调查反映,当地居民普遍认为这个价格偏高。

一直以来,上海被视为中国消费水平最前沿的代表。

中国粮食城的上述负责人认为,该项目并不针对一般消费者,因此,普通居民反映贵也属正常。"我们的项目主要针对企业大客户的团购、定制,此外是个体购买,所以,并不是一般消费者所能接受的。"

不仅仅是定价,从该项目的发布地、参会者来看,这一项目很"高大上"。

该项目的发布会选址在上海第一高楼——上海环球金融中心,与会嘉宾大部分来自上海福建商会和泉州商会的企业家。

"我的朋友送我们一斤茶,都要一万多元。因此,可以吃一年的好米,一万元也划算。"一位企业家说。

中国粮食城的相关工作人员表示,项目发布当天,认购会员达到80个;如今,已认购出的良田已经超过了800亩。

/ 高端如何取胜 /

随着粮食低价竞争时代的到来,许多粮企正在寻求走差异化竞争路线。一些粮企负责人的看法是,打造高端产品,提高产品溢价,不失为出路之一。

然而,受各种因素掣肘,许多粮企走高端路线的努力最终归于失败。

宁夏大米曾在业内品评超越全球公认的大米品牌——越光,因此,当地许多稻谷企业开始转型高端路线。

几年前,笔者接触的一家宁夏大米加工企业,也在转型高端之后将每斤大米的价格提高到了50~100元。

虽然该企业对于北京、上海、广州等市场的反应较为乐观,但是,由于品牌影响力低、定位不够精准等因素制约,该企业在一些省会城市的直营店不得不关张退出。

在中国粮食行业协会副会长田鸿儒看来,五常大米这样的品牌大米的潜力巨大,但并未被挖掘出来。如何避免虚假混入,是此类大米品牌保护的首要课题。

有业内人士表示,国内大米品种繁多,质量差异较大,对于消费者来说,很难对其进行专业判定。因此,怎样去除专业的藩篱,让一般消费者做到真正放心,才是企业需要做的功课。

"许多消费者都是通过批发市场、超市等传统渠道来购买米、面、油,但这些渠道所供应的品种鱼龙混杂,是否纯正难以评判。"在中国粮食城董事长林书育看来,"e亩良田"的此次尝试,克服了以上缺陷,所以才能得到会员的认同。

一业内人士也认为,"e亩良田"的运作方式,保证了产品的产地、加工、供应,在各个环节增加的实时监控提高了透明度,确实不失为一种独到方式。

"整体测算,该项目投入较高,其实并不适用于大多数的粮食品种,也不适合太大规模地展开。"有营销人士说。

竞争日趋白热　国内面粉加工业深刻调整

□ 付嘉鹏

在平均开机率不足40%、竞争日渐惨烈的背景下，面粉行业的转型已经悄然开始。面粉加工业的确产能过剩，但创新型的企业仍然发展得很快、很好。与多数企业抱怨经济环境差、产能过剩不同，这些企业或跨界转型，或抱团发展，或者趁机展开扩张。

***

2015年开局，一个暖冬正在上演，但国内的面粉企业却依旧感到"寒风刺骨"，生存艰难。2015年或许对于不少中小型面粉企业而言更像是一次"大考"，如何熬过这个"寒冬"，面企在行动……

停工、破产、跑路……近年来，受国内外经济形势的冲击，国内一些传统行业陷入困境，一些民营企业艰难生存。

2014年，甚至被人戏谑为"一个跑路之年"。

产能极度过剩的面粉加工业，也未能幸免。资金链短缺、开工率低、利润率为负，等等，成为行业发展的真实写照。个别规模以上加工企业轰然倒下，负责人一夜间难觅踪影。

2014年8月8日，网曝安徽蚌埠知名企业——安徽蒂王集团因资金链断裂而无法正常经营，怀远县人大代表、董事长汤世强跑路。

作为安徽著名的粮食产业化重点龙头企业，蒂王集团是一家专业从事原粮储备、粮食加工、销售及研发的粮食食品企业，其面粉年加工能力40万吨。

消息传出，舆论哗然，一时间，业内也为该企业扼腕。

/ 产能过剩是原罪？/

很多面粉加工企业负责人都认为，国家对过度消费的抑制，加上面粉加工产能的严重过剩，均导致面粉加工业竞争的白热化。

"想在这种环境中实现盈利，简直难上加难。因为产能过剩，且越来越突出，导致面粉加工业出现了一系列问题，最直接的就是竞争压力的逐年增加。"河南一加一面粉有限公司董事长王刚说。

然而，与绝大多数的面粉加工企业的看法不同，五得利面粉集团董事长丹志民认为，产能过剩并不应被拿来作为企业经营困难的借口。

"一个企业经营不好，然后归罪于产能过剩，这只能说明企业没有进行自查，没有想方设法将自己的本职工作做好。"丹志民质问那些抱怨产能过剩的企业负责人，"难道五得利不也是从产能过剩的环境中生长起来的吗？"

在丹志民看来，一个健康发展的产业都会出现产能过剩，但那些过剩的产能是老旧、落后的，是不适应潮流发展的。"或许是工艺的落后，又或许是收购管理、渠道建设等方面的落后。"

丹志民认真地说："面粉加工业的确产能过剩，但创新型的企业仍然发展得很快、很好。"

/ 专业化成趋势 /

要做创新型企业,在王刚看来,面粉加工企业要找到自己的核心竞争力,走符合自身实际的品牌化之路。

20年前,一加一面粉在王刚的带领下,开始走"全天然面粉专家"之路。如今,该品牌已经成为"天然面粉"的代名词。

"跳出低价竞争的怪圈,就像冬天从暖被窝里刚刚出来的一刹那,很痛苦,但过一会儿就好了。"王刚说,"很多企业往往意识不到这一点,他们迷茫于这个怪圈,无法自拔。"

河南新良粮油加工有限责任公司则将企业定位为"中国高档食品专用面粉优秀供应服务商",该企业生产的高档食品专用面粉畅销国内外,据介绍,仅仅网上的销售额,就已破千万。

在业内人士的眼中,国内面粉加工业的产能确实过剩,但这种过剩是相对的。

"随着国内消费水平的提升,专用粉的市场在不断提升。"河南省粮油饲料产品质量监督检验站总工程师尹成华也证实,从河南省来看,近几年,专用小麦的市场需求在不断提升。

"一方面是普通小麦供过于求,而另一方面,省内专用小麦的生产却远远无法满足市场的需求。"

/ 寻找自己的优势 /

"品牌化是农产品加工的方向,也是面粉加工业的方向。"鲁建华定位战略咨询公司创始人鲁建华说。

在鲁建华的观点中,品牌化即差异化,也即只有找到自身的立身之本,才能摆脱低价竞争带来的恶劣影响。

"比如从营养方面创新。"蓝狮智邦(北京)品牌策划有限公司相关负责人表示,在居民饮食结构正在调整升级的当下,打"营养牌"应为重要方向。

鲁建华建议，实力有限的中小面粉企业可以抱团发展。"几个小企业合作，合力打造一个大品牌，来对抗大企业，也不失为出路之一。"

除了以上几点，丹志民认为，五得利之所以能有今天，与企业心无旁骛地经营面粉加工有关。

"做任何一个行业，都必须知道自己的优势。五得利26年始终在做一件事，就是面粉，因为五得利只有在面粉方面是专家。我认为，许多企业之所以倒下，最主要的原因是丢掉了自己的专业。"

依靠"迷"一样的赚钱诀窍，五得利面粉集团旗下已经逐步建立横跨河北、山东、河南、江苏、安徽、陕西等六省的14家子公司。如今，五得利正积极谋划在沿海地区的布局，利用质优价廉的进口小麦，成就自己"世界领先面粉专家"的梦。

石磨面粉"扛大梁" 还需跨过"健康关"

□ 付嘉鹏

  这些年,凭借"天然、健康"的优势和卖点,石磨面粉逐渐成为市场的新宠。然而,也有人士认为,石磨面粉的二氧化硅含量较高,并不利于人体健康。但如果严格控制工艺,天然、健康的石磨面粉一定是未来面粉行业发展的趋势。利润较高,是石磨面加工企业积极推广这一产业的重要原因。

* * *

  2015年的春节前夕,河南一家大型保险公司的大客户经理王丽采购了一些粮油产品,回馈客户。
  "我们给客户赠送的礼物都是比较上档次的东西。"王丽介绍说,"如今,大家都注重健康,主张绿色饮食,听说石磨面粉天然健康,因此,十分适合做礼品。"

这些石磨面产自河南洛阳，每袋5斤，售价为15元/袋。

近几年，随着饮食结构的调整，越来越多的消费者注重粮油产品的健康功效。号称"传统工艺、自然健康"的石磨面，开始受到消费者的推崇。

"听说石磨面粉很健康、很天然，但是否真的如宣传那样，我们也不得而知。"王丽说。

/石磨面粉身价高/

王丽曾经在网络上了解到有关石磨面的宣传。她说，在"天猫"搜索"面粉"，马上搜出2866件商品，而输入"石磨面"字样，仅有131件商品。

不过，与单价3~5元/斤的普通面粉相比，石磨面的单价一般超过8元/斤。

山东章丘某石磨厂的宁姓负责人已经在石磨面粉行业闯荡了30多年。据他介绍，节假日里，厂里的产品销量很好，可以翻两三番，消费者的购买热情很高。

在他看来，正是由于石磨面粉品质好于普通面粉，才赢得了消费者的青睐。"由于石磨转速较低，一般为每分钟20~25转，所以极大地克服了现代化机械生产高速高温给小麦营养成分带来的破坏，充分保留了小麦中的营养物质，是真正的绿色健康食品。"

作为石磨面的积极推崇者，河南工业大学教授陈志成2014年被推举为中国石磨产业技术创新战略联盟第一届理事会理事长。

据他介绍，石磨面粉需要经过破碎、提粉、清粉、筛理等环节，由于此工艺属于低速研磨、低温加工，不会破坏小麦中的营养物质，保持了面粉的分子结构，因此石磨面粉最大限度地保留了小麦中的蛋白质、面筋质、胡萝卜素、碳水化合物、钙、磷、铁、维生素B1、维生素B2等各种营养物质，特别是胡萝卜素和维生素E是其他面粉的18倍。

此外，由于小麦的主要成分未被破坏，石磨面粉中的小麦香味也得以保留，用其制作的各种面食口感柔韧、麦香浓郁。

/ 产能规模难跟上 /

受石磨面粉特殊工艺的限制,国内石磨面粉加工企业的产能普遍不高。

"我的工厂加工能力不算小,在当地实力也算一流。"宁厂长介绍,"即便如此,日加工能力也仅25吨左右。"

据了解,石磨面粉加工能力的提升,除需要对加工工艺不断改进之外,对厂区面积也有很高要求。

在许多业内人士的眼里,石磨面粉加工能力的提升,势必要以增加磨盘数量为基础。在地价不断攀升的背景下,要大幅提高产量,无疑是石磨面粉加工企业面临的一道重要障碍。

"据我了解,河南有一家面粉加工企业的石磨面粉日加工能力为中国第一,应该算是目前国内最大的石磨面粉加工企业。该企业一个磨盘的直径大概是1.2米,总共72台磨盘。整个企业的占地面积很大,一眼望去,非常壮观。"宁厂长说。

宁厂长说的企业,就是商丘市百分食品有限责任公司。公司董事长宋文忠介绍说,该公司拥有2条全自动化石磨面粉生产线,日加工小麦80吨,是目前我国最大的石磨面粉基地。

一般情况下,我国规模以上的机制面粉企业的日加工能力均超过300吨/天,规模远远高于石磨面粉行业。

"如果现在哪家面粉企业的石磨面粉日加工能力超过了100吨,那就可以被誉为世界第一。"宁厂长说。

由此可见,投资规模成为石磨面粉产业发展的另一障碍。

陈志成介绍说,从目前的工艺技术来看,日加工能力80吨的生产线,仅设备投资就不低于400万元,再加上配套的厂房等投入,投资额并非小数。

/"结果是幸福的"/

虽然很多"王婆卖瓜"的石磨面粉行业人士坚定地认为，石磨面粉天然、健康，但是，对于该产业的发展，仍存反对之声。

作为主食产业化之父，河南省面制食品工程研究中心主任刘晓真表示，所谓"石磨面"，应视为粮油加工业的"返祖现象"，并不代表整个加工业的潮流。在他看来，机械化、规模化才是整个粮油加工业的发展方向，而成本高、产量低的石磨面只是"昙花一现"。

此外，刘晓真还认为，石磨面含砂量高，因此，大部分石磨面的二氧化硅含量较高，并不利于人体健康。

国内已经出版的多项研究成果显示，石磨小麦粉在湿面筋质量、稳定时间、面团形成时间方面均优于钢磨小麦粉，但如果不严格控制小麦的清洗和除磁去石，石磨小麦粉的含砂量偏高。

在宋文忠看来，正是由于面粉行业存在这样那样的看法，对石磨面的发展并未形成统一认识，导致整个面粉行业的参与度不高，影响了石磨面粉行业的发展。不过，包括宋文忠和宁厂长在内的从业人士认为，只要严格控制石磨面粉中的含砂量，天然、健康的石磨面粉一定是未来面粉行业发展的趋势。

利润较高是石磨面粉加工企业积极推广这一产业的重要原因。

品质优于普通面粉，外加石磨面粉产量不高，使得石磨面粉的成本和售价都要高于普通面粉，其利润也较高。

"我们现在的售价一般在2.8～3元／斤。"宁厂长介绍说，即使按照产品的最低市场零售价来计算，自己企业的总利润也要大大超过同类机制面粉加工企业，"甚至超过了500吨／日的机制面粉加工企业"。

"在我看来，石磨面粉产业发展的结果一定会是幸福的。但推广的过程很辛苦，因为引导消费者去接受它要经历各种痛苦。在这个过程中，很多从业者或许会成为行业'先烈'。"宋文忠说。

中国粮油书系第二卷之农经观察

油脂篇

Youzhipian

四川:"油菜花"探路三产融合

□ 唐恒

"农区变景区、田园变公园、农房变客房、产品变礼品",油菜花经济的传导效应,带动了四川旅游、土特产销售等第三产业的快速发展,展示了"一三产业互动、农旅深入融合"的魅力之姿。

***

过去卖油菜籽,一亩田的收益不过500元;现在"卖"油菜花,每亩可多得数千元的收益。对大多数四川油菜种植户来说,几年前想也不敢想的事,如今变成了现实。

近年来,四川省多个油菜籽主产县(市)因地制宜,通过举办创意新颖、特色各异的油菜花节,不仅拉动了人气,扩大了当地的知名度,还为当地村民带来了实实在在的收入。

油菜花吸睛又吸金

"自从举办油菜花节后,我们村的村民就借助油菜花节旺盛的人气卖野菜、卖花环、卖特色小吃。不少村民办起了农家乐,卖土鸡、卖土鸭、卖茶水……现在,种一亩油菜,仅'卖'油菜花就能给当地农民带来数千元的收入。"金堂县三溪镇原镇委副书记周德益表示。

四川是油菜种植大省,近年来油菜种植面积稳定在1500万亩左右。每年的3月,连片的油菜花竞相开放,吸引了亿万游客的目光。

在敏锐嗅到油菜花带来的商机后,四川多地乡镇纷纷打造具有本地特色的"油菜花节",以油菜花为媒,让游客在饱览油菜花海的同时,享受在油菜花田里品茗聊天、打牌消遣、吃火锅、眠宿花海等特色服务,吸睛又吸金。

作为多届"金堂国际油菜花节"的主办地,三溪镇白庙村的油菜花在成都周边县市已形成品牌效应。每到周末和节假日,四面八方的游客就会蜂拥而至。油菜花让昔日这个冷清的小山村变得热闹起来。

周德益称:"当地油菜种植面积常年保持在1.2万亩左右。以前村上只有五六家农家乐,举办油菜花节后已增长到30多家。在'三八节'的前四天,我这个农家乐的60桌就全部被预订完了。据我估计,油菜花节期间,规模大的农家乐有10多万元的收入,小点的也能挣2万~3万元。"

路边一位卖炸土豆的村民说:"以前我在外边打工,一天挣100多元。村里举办油菜花节后,我就在家卖凉面、炸土豆等小吃。节假日期间来的人特别多,我一天能挣三四千元。"务工的村民回村当起了小老板,上年纪的村民放下手中的麻将,搞起了服务业。现在的白庙村,喝茶聊天的少了,打麻将的少了,村民的腰包鼓了。

白庙村的变化,只是四川各地油菜花经济引发联动效应的一个缩影。

在崇州油菜花盛开期间,很多游客坐在油菜花田里的遮阳伞下休息。一壶10元的茶水,在为游客缓解疲劳、带来花中品茶独特享受的同时,还为当地村民带来了可观的收入。

数据显示,2016年崇州举办的第四届四川自驾赏花节期间,该县白头镇相关行业日均总收入13.72万元。其中，餐饮收入4万元，茶水收入2.3万元，特色农产品收入2万元，农产品体验采摘2万元，停车及其他配套服务费用1.2万元，民宿收入0.6万元，花田迷宫门票收入0.12万元。

/ 产业融合迎商机 /

油菜花从"花开时孤芳自赏，花落时化作尘泥"的"野花"，到天府大地上的"花魁"，这一过程的嬗变，是从国家政策的引导和当地政府对油菜产业的扶持开始的。

长期以来，四川油菜种植一直面临着收益不高、产业竞争力不强的困境。如何改变当前的生产模式，提高油菜全产业链的发展，为农民增收，为农业增效，成为四川各级政府的待解之题。

2016年1月，国务院办公厅发布《国务院办公厅关于推进农村一二三产业融合发展的指导意见》（下称《意见》）。《意见》指出，要积极发展多种形式的农家乐，提升管理水平和服务质量，建设一批具有历史、地域、民族特点的特色旅游村镇和乡村旅游示范村，有序发展新型乡村旅游休闲产品。

借助国家推进农村产业融合发展的政策"东风"，四川多地纷纷利用当地大规模种植油菜的优势，在每年3月油菜花盛开期间，别出新意地举办多种形式的赏花活动，以此带动当地乡村游的发展。

绿化富农两不误　木本油料贡献大

□ 王影影

  我国的木本油料作物资源丰富，可食用的有标准可循的木本植物油料有10多种。种植木本油料作物，不仅有利于绿化国土、治理水土流失、防沙治沙，还有利于扩大森林资源总量，改善生态环境，建设生态文明和美丽中国。近年来，在国家政策"春风"的吹拂下，我国木本油料产业也如这满山遍野的油茶花，发展势头红红火火。

＊＊＊

  2017年3月12日是第39个全民义务植树节，各地迎来今年最大一波义务植树高峰。在选择树种的时候，不妨考虑一下木本油科，在绿化祖国的同时又能改变"油命外落"的现状，一举两得，何乐而不为？
  "律回岁晚冰霜少，春到人间草木知。"植树节到来前夕，北方的春天刚刚来到，柳树吐绿，万物萌发。而在江西省德兴市新岗山镇十八亩段自然村，8000多亩的野生红花油茶已经竞相开放，漫山遍野的油茶花绚丽夺目,芳香四溢,令人心旷神怡。

我国的木本油料作物资源丰富,可食用的有标准可循的木本植物油料有10多种,其中以油茶、核桃、油用牡丹、巴旦杏、松子、翘果、文冠果等最为我国人民所喜爱,已有长期栽培经验。这些木本油料作物一般种植在荒山荒地、陡坡耕地、沙化土地上,不与粮食争地。

"种植木本油料作物,不仅有利于绿化国土、治理水土流失、防沙治沙,还有利于扩大森林资源总量,改善生态环境,建设生态文明和美丽中国。"国家林业局计财司副司长杨冬表示。木本油料作物在增加农民收入和维护国家粮油安全方面也有积极意义。

近年来,在国家政策"春风"的吹拂下,我国木本油料产业也如这满山遍野的油茶花,发展势头红红火火。

/ 花开闻香　果落富农 /

阳春三月正是油茶苗开始栽种的大好时节,湖南省新邵县光田村的荒山坡土、田间地头,随处都可见到正在挥动锄头栽种油茶树苗的村民。

村民瞿海洋是村里的困难户,在政府的帮扶下,他用扶贫资金买了1500余株油茶苗,准备把自家的荒山荒地全部种上油茶树。他说:"政府为我们联系到了油茶种苗,还请来林业干部手把手教会我们怎么栽种油茶,以后还有油茶种植补贴发放到户。"在他们村,还有80多户都种植了油茶,老百姓们纷纷表示脱贫致富有了新的希望。

光田村只是全国油茶产业蓬勃发展的一个小小缩影。在油茶第一大省湖南,油茶产业已成为了资本逐利、林农致富的绿色高地。截至2017年3月,全省有300多家企业、2000多家种植大户、500多家专业合作社参与油茶产业发展,拉动社会资金投资油茶产业达80亿元,并涌现出了金浩、中联天地、林之神、大三湘等十多个油茶龙头企业和油茶知名品牌。

核桃是我国另一种广泛种植的木本油料作物,于汉朝开始栽培,至今已有2000多年的历史,遍布华北、西北、西南等地区的16个省区市。

"现在这个核桃真成了我们家的摇钱树了,企业人员会主动到家里来收,给我们的收购价每斤在22～25元之间,要比市场价高出2元左右,所以今年我多收入了3000元。"日前,在甘肃省陇南市康县长坝镇花桥村,65岁的村民卯启德说,"以往家里的核桃卖不出去的情况时有发生。"几年前,在政府的引导下,他参与了"公司+基地+农户"模式,这让家里的核桃逐渐有了稳定的销路,收益逐年增加。

国家林业局统计数据显示,我国近6亿亩荒山荒地、盐碱和沙荒地适宜发展木本油料。杨冬以油茶为例说:"如果每户农民有10亩优质油茶林,稳产之后每年收入大概到2万～3万元,发展木本油料产业,对于振兴我国山区、沙区经济,增加农民收入,意义重大。"

/不断壮大的木本油料家族/

受水土资源所限,油茶等作物并不能在全国各地广泛种植,因此,专家建议,在不适宜种植油茶、核桃的地区,可以因地制宜地种植其他木本油料作物。近年来,除了油用牡丹、长柄扁桃、文冠果产业开发方兴未艾,还有一些曾经"养在深闺人不知"的木本油料作物也开始进入大众视野。

在我国华北地区有一种特色树木——元宝枫。在秋天,如果来到陕西省宝鸡市,你会发现这里的元宝枫不仅能形成秋日里一道"火红"的风景,而且已成为当地农民脱贫致富的"金元宝",正可谓"春种满田皆碧玉,秋收遍地尽黄金"。

据陕西宝枫园林科技工程有限公司总经理王高红介绍,截至2017年3月,元宝枫籽油市价可达到每公斤1万～2万元,1亩地能出2万～3万株苗,每株苗按0.3～0.5元计算,每亩年纯利可达5000～6000元,比种植农作物收益要高很多。

"这树不光树籽是宝,叶子也是宝!"王高红表示。元宝枫叶中含有多种活性物质,制成的枫叶保健茶可以调节免疫机能。另外,经进一步深加工,可以从枫叶中提炼出贵重的医用黄酮素、绿原酸等活性物质,如果进行资源开发,价值更为可观。

毛梾木是一种高大落叶乔木,特产于我国,广泛分布于山东、山西、河南、河北、陕西等20多个省市。这种树枝叶茂盛,白花繁密而芳香,累累黑果挂于红柄之端,端庄而秀丽。其枝叶含有丰富的蛋白质,可作饲料；木材坚硬，纹理细致，可制高端家具及工艺品；它的果实含油量达到31.8%～41.3%，可以提炼油，油可食用、医用及化妆品用，所产生油渣可提炼生物柴油，亦可作饲料和生物菌肥。

2016年10月10日，首届全国毛梾产业发展学术研讨会召开，山东万路达园林科技有限公司发布"毛梾籽油"企业标准，这标志着我国又一款木本油料食用油毛梾籽油即将进入标准化生产，也意味着消费者又多了一种特色高端食用油的选择。

花生"受宠",跟风种植存隐忧

□ 唐恒

  虽然花生产量不及玉米,但价格却高出玉米2~3倍,土地综合产出效益远超玉米等传统秋作物,正成为鄂豫农民种植结构调整的首选品种。值得注意的是,由于国家对花生产业没有大的扶持政策,价格形成主要靠市场调节。如何避免价格波动带来的花生种植利润减少,成为广大花生种植户最关心的问题。

* * *

  2016年花生生长关键期风调雨顺,加上品种优良、田间管理措施科学得当,收成普遍好于往年。

  目前我国春播花生亩产可达1300斤,麦茬花生900斤左右。虽然花生产量不及玉米,但价格却高出玉米2~3倍,土地综合产出效益远超玉米等传统秋作物,正成为鄂豫农民种植结构调整的首选品种。

/种植花生成首选/

2016年9月22日下午,在湖北省枣阳市兴隆镇种粮大户张兵家旁边的空地上,一台花生摘果机轰鸣着,把一粒粒花生果"吐"出来。机器旁边堆积着小山一样高的花生秧。

张兵是枣阳宏伦家庭农场的主人,近年来,他流转了1200亩土地,主要种植小麦和玉米。

与往年不同的是,2016年张兵试种了300亩麦茬花生,并购买了一台花生摘果机,除满足自用外,还为周边乡邻提供农机服务。

"今年花生产量不错,亩产在800斤以上,如果按花生果市场价格每斤2.9元计算,除去成本每亩可赚1000元。"张兵乐呵呵地说。

与张兵难掩丰收的喜悦相比,该镇另一种植大户李世宾话语中流露着惋惜。李世宾称,他2015年种了243亩玉米,仅卖了9万元。耕种、化肥、种子、农药、机收等成本加起来每亩在430元左右,再加上租地成本,忙活了半年还是亏了。

2016年小麦收割后,秋季到底该种啥让李世宾犯了难。"种玉米还会赔钱,不种赔的还少些。2016年秋季我200多亩地什么也没种。"李世宾坦言。

看到张兵种植花生获得了丰产,李世宾也动了心。他决定2017年种植100亩春花生。如果收益好,秋季他还将扩大花生种植面积。

调研发现,传统玉米种植户改种花生,在鄂豫地区已渐成趋势。

河南省舞阳县章化乡种粮大户朱坤峰表示,该村有1300亩耕地,往年玉米种植面积将近1000亩。近两年,由于玉米价格下降,村民差不多都改种了花生,2016年他们村花生种植面积已超千亩。

"合作社的几位大户2016年种花生收益不错,等于给其他社员吃了一颗定心丸,2017年合作社花生种植面积有望推广到2万亩。"湖北省枣阳市荣森农业专业合作社理事长温全友表示。

/ 花生增收作用明显 /

那么,与种玉米相比,一亩花生到底能多赚多少钱呢?张兵算了一笔账:种一亩花生种子要230元,化肥160~180元,机械费400元,农药120元,人工200元,合计每亩成本在1100元左右;如果麦茬花生亩产800斤,每斤花生果售价2.7~2.8元,亩纯利润在800~1000元,春播花生收益更高,达1500元左右。

河南省农科院数据也显示,该省花生亩均纯收益(包含花生秸秆)为1300~1500元,一亩花生纯收入是玉米的2倍以上。

河南省正阳县是"全国花生种植第一大县",2016年花生种植面积达150万亩。据该县陡沟镇孟寨村村民肖海华介绍,他2016年种了30多亩花生,每亩花生比玉米能多收入300多元。

与花生种植面积节节攀升的情况相反,玉米种植面积却在不断缩减。

驻马店市是河南省农业大市,2016年该市玉米种植面积630.5万亩,较上年减少45万亩;花生种植面积330万亩,比上年增加30万亩。

河南省舞阳县章化乡有3.8万亩耕地,2016年优质花生种植面积达1.5万亩,大豆1万亩,玉米1.3万亩,粮经比例已达到4:6。花生亩产在800斤以上,田间收购价格2.5元左右,亩均花生收入2000元以上,亩均增收1000元以上,全乡人均增收500元左右。

/ 跟风种植存隐忧 /

值得注意的是,由于国家对花生产业没有大的扶持政策,价格形成主要靠市场调节。花生集中上市、产量大幅增加等因素,都会影响市场供求关系,导致价格波动。

从需求来看,2014、2015年度我国花生年度总供应量为1660万吨,需求总量为1650万吨。国内优质食用花生供给量偏紧,价格较为坚挺。油用花生消费量稳定,呈现出供给平衡略有盈余状态。

业内专家认为,花生集中上市时期的价格波动,是供求关系改变引发的市场价格自我调节，属正常波动。但缺乏理性地盲目种植、跟风种植必然会导致花生价格下降，影响农民收益。

2013年11月，花生米行情遭遇一波低迷，每公斤平均批发价格较年初下跌了近3元，降幅达25%，山东地区多数种植户利润受损甚至亏本。

业内人士分析，国内花生供大于求，是2013年下半年至2014年上半年价格下行的主要因素之一。受价格下跌影响，山东等地2014年花生种植面积普遍减少10%以上。

虽然近年来我国花生产业取得了快速发展，但对大多数合作社和种粮大户来说，花生种植还存在着一定的瓶颈。温全友称，我国土地流转缺乏指导性法规导致土地烂尾的现象屡见不鲜，加上地方政府对花生重视程度不够、信息流动较慢、缺乏相应的资金扶持、少数地区农业基础设施不完善等原因，花生规模化种植还存在一定的风险。

"花生应该像其他农作物一样享受国家的农机补贴和相应的政策扶持，才能防止花生价格波动给种植户带来的风险。"温全友表示。

如何避免价格波动带来的花生种植利润减少，成为广大花生种植户最关心的问题。

"要增加科技投入、提升花生产品品质和品种抗灾能力，促进花生生产的规模化、机械化，缩小生产成本，提高花生的国际竞争力。同时，花生种植户也应及时、广泛地了解市场供求信息，通过种植优质花生、农企合作、订单生产等方式，理性防范市场风险。"河南省农科院经济作物研究所花生研究室主任董文召建议。

12位专家同声：对油脂加工与营养谬论说"不"

□ 胡增民

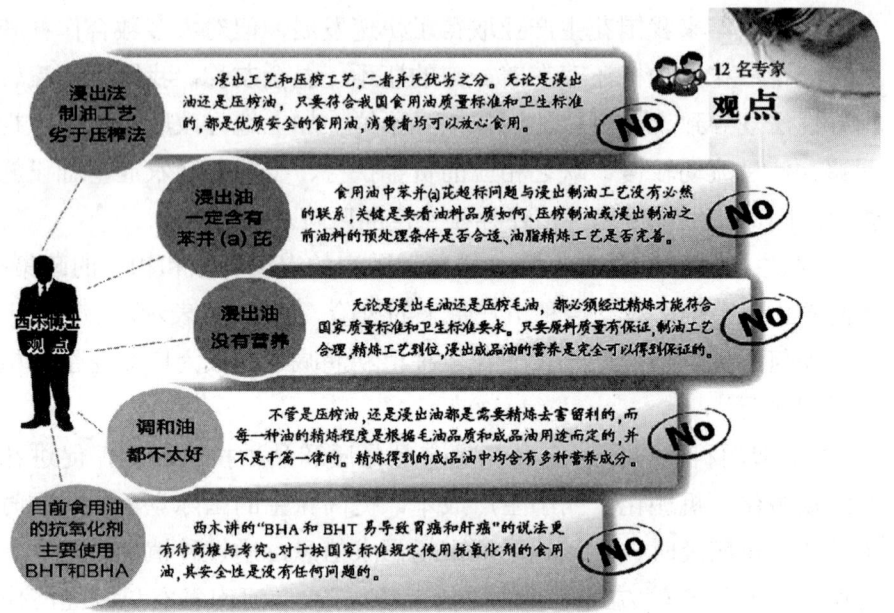

针对近年来西木博士多次发表有关"油脂加工与营养"方面的片面言论，12位国内粮油行业权威专家专门做出澄清。众专家表示，西木关于浸出法制油工艺劣于压榨法的言论，以及将浸出工艺中采用的"植物油抽提溶剂"说成是"6号轻汽油"并与普通汽油类比，实有危言耸听之嫌。

* * *

2016年9月26日，中国粮油学会油脂分会第二十五届学术年会在山东邹平召开。就最近西木博士的言论以及广大消费者普遍关心的"如何选择健康食用油"问题，中国粮油学会首席专家、中国粮油学会油脂分会会长王瑞元代表12位国内油脂界权威专家在开幕式上作题为《彻底澄清社会上对"油脂加工与营养"方面的不实之词》的发言，予以正面回应。

/"全说"不等同乱说/

近年来，一个名谓营养与健康专家的西木博士在湖南卫视《百科全说》栏目播出的《如何选择健康食用油》节目中多次发表有关"油脂加工与营养"方面的言论，诸如：浸出法制油工艺劣于压榨法、浸出油一定含有苯并(a)芘、浸出油没有营养、调和油都不太好、目前食用油的抗氧化剂主要使用BHT和BHA，等等，不一而足。

由于媒体的大量转载，西木的上述言论已在社会上引发影响，甚至造成部分消费者的恐慌和不知所从。

为了对社会和对消费者负责，油脂界的专家学者纷纷要求粮油学会组织业内专家讨论，撰写文章对西木的错误言论进行澄清。为此，中国粮油学会油脂分会专门召开会议，会议由中国粮油学会首席专家、中国粮油学会油脂分会会长王瑞元主持，与会专家综合各方信息，进行了认真讨论，针对西木的失实和不负责任的错误言论予以反驳。

9月26日，在中国粮油学会油脂分会第二十五届学术年会上，王瑞元代表来自江南大学、武汉轻工大学、河南工业大学、西安油脂科学研究院等高校、科研院所的金青哲、王兴国、何东平、刘玉兰、陈文麟、谷克仁、刘元法、曹万新、李子明、相海、周丽凤等12位国内油脂方面的权威专家发言澄清，以正视听。

关于浸出工艺与压榨工艺的优劣，王瑞元等专家认为，我国和国际上一样，食用植物油的制取一般有两种方法：压榨法和浸出法。

浸出工艺和压榨工艺，二者并无优劣之分。油脂制取选择哪种工艺，首先考虑的是植物油料的品种及其加工特性，两种制油工艺只有原料适用性之分。目前国际上的通用做法是：含油量较高的植物油料（如花生和菜籽等），通常采用先压榨后浸出的工艺制油；含油量较低的植物油料（如大豆等），通常采用直接浸出工艺制油。为了充分利用油料资源，提高经济效益，压榨后的油饼一般都要继续进行浸出制油。

与压榨工艺相比，浸出工艺具有粕中残油少、出油率高、加工成本低、生产条件好、油料资源得以充分利用等优点。总之，无论是浸出油还是压榨油，只要符合我国食用油质量标准和卫生标准的，都是优质安全的食用油，消费者均可以放心食用。

众专家表示，西木关于浸出法制油工艺劣于压榨法的言论，以及将浸出工艺中采用的"植物油抽提溶剂"说成是"6号轻汽油"并与普通汽油类比，实有危言耸听之嫌。

/浸出油真的有毒？/

西木称食用油的制作过程可以产生苯并（a）芘，压榨油制油过程不超过150℃，所以不会产生苯并（a）芘，而一般浸出制油的温度可以达到150～250℃，可以产生苯并（a）芘，浸出油一定含有苯并（a）芘。王瑞元等专家认为，食用油中苯并（a）芘超标是浸出工艺带来的，这是对浸出制油没有科学依据的误解。首先，就压榨工艺制油而言，若在压榨之前油料受到苯并（a）芘的污染，或油料在加工过程中长时间高温焙炒而产生苯并（a）芘，这些油料中的苯并（a）芘就有可能带入压榨油中，若不进行必要或合理的精炼脱除，就会造成压榨成品油中苯并（a）芘超标。

其次，浸出溶剂自身并不含苯并（a）芘，浸出制油过程（油脂浸出、混合油蒸发、汽提等）的温度均不超过125℃。所以，若植物油料中不含苯并（a）芘，浸出工艺就不会形成新的苯并（a）芘。通常的精炼条件是不会生成新的苯并（a）芘的，倒是可以有效地去除大部分苯并（a）芘。例如合理碱炼可以脱除80%以上的苯并（a）芘，采用优选的活性炭作为吸附剂可以脱除99%的苯并（a）芘，水蒸气蒸馏脱臭可以脱除40%左右的苯并（a）芘，最终使得精炼后的浸出成品油中苯并（a）芘含量远低于国标限量。

与此相反，若压榨油不进行完善的精炼，仅仅通过沉淀和过滤是无法有效脱除苯并（a）芘的，所以不经精炼的压榨油反而存在着苯并（a）芘超标的风险。这也是我们不提倡作坊式工厂或家庭自行压榨制取食用油的原因之一。在12位专家看来，浸出工艺并不会造成油脂中苯并（a）芘必然超标，食用油中苯并（a）芘超标问题与浸出制油工艺没有必然的联系，关键是要看油料品质如何、压榨制油或浸出制油之前油料的预处理条件是否合适、油脂精炼工艺是否完善，等等。

/"加工与营养"岂能误导/

长期以来，中国粮油学会从消费者的营养及健康出发，大力倡导"适度加工"，强调要最大程度保存粮油原料中的固有营养成分，防止"过度加工"，要求将油脂的加工精度界定在适当范围内，并以国家标准（或行业标准）的形式加以规范。

西木博士称，压榨油不需要精炼，也没有各种残留物在里面，压榨油更好，以及浸出油会有"汽油"残留，营养成分极少，等等。王瑞元等专家表示，这些观点缺乏对食用油的基本认知。无论压榨还是浸出，油料中有益于人体健康的类脂物，如磷脂、色素、维生素E、甾醇等均会伴随油脂被提取出来进入毛油中。反之，若油料的质量不好，如酸败、霉变、受到污染等，由这些不利因素产生的有害成分也会被带入毛油中，造成毛油品质变差。

所以，无论是浸出毛油还是压榨毛油，都必须经过精炼才能符合国家质量标准和卫生标准要求。由此可见，只要原料质量有保证，制油工艺合理，精炼工艺到位，浸出成品油的营养是完全可以得到保证的。

抗氧化剂的使用情况并不像西木博士所说那样，"我国食用油脂抗氧化剂基本是BHA和BHT"。另外，西木讲的"BHA和BHT易导致胃癌和肝癌"的说法更是有待商榷与考究。对于按国家标准规定使用抗氧化剂的食用油，其安全性是没有任何问题的。

12位专家称，西木博士在节目中称"调和油都不太好，基本都是精炼的"，这种完全否定调和油的说法再次证明西木博士对精炼油缺乏科学认知，也说明他对调和油的认识存在极大误区。

调和油又称调合油，是将两种或两种以上成品油按照营养平衡或风味的需要，按一定比例调配制成的食用油。不管是压榨油还是浸出油，都是需要精炼去害留利的，而每一种油的精炼程度是根据毛油品质和成品油用途而定的，并不是千篇一律的。

精炼得到的成品油中均含有多种营养成分，因此，"调和油不好"和"没有营养"的说法是没有科学依据的。

当然，在充分肯定调和油上述优点的同时，我们也应看到，由于我国食用调和油没有国家标准，当前食用调和油市场存在着标识混乱、名称繁杂和以次充好等问题，一个突出的现象是，调和油生产企业往往以价格高而投放比例较少的油品来命名调和油。

为了规范调和油产品的市场行为，国家即将出台的"食用植物油国家标准"中对调和油做出了两项重要规定：一是调和油统一称为"食用植物调和油"，不能以价格高的油品来命名；二是调和油的标签标识要注明各种植物油的比例。

王瑞元等指出，西木在关于"转基因油""饱和脂肪酸"和"人造黄油"的一些论述中也存在不少偏误。

12位专家指出，我国的油脂加工业和油脂市场总体上是健康向上的。市场上的食用油产品只要符合我国食用油质量标准和卫生标准的任何一个等级的油品，都是安全的，消费者可放心食用。与此同时，建议消费者要用科学的眼光对待食用油的安全问题，避免被谣言误导，陷入不必要的恐慌。

亚麻籽油产业亟待破解"小而散"

□ 胡增民

相关专家学者就国内外亚麻籽种植及优生区域资源概况、国内外亚麻籽油营养与健康大数据分享、亚麻籽在功能食品和保健产品及美容护肤等领域的开发应用情况及亚麻籽油市场营销模式等内容进行了深入探讨,旨在推动亚麻籽油产业健康发展。

* * *

"天苍苍,野茫茫,风吹草低见牛羊。"2016年8月8日,来自全国各地的30多家包括科研院所、大专院校、生产企业的100多名代表云集美丽的内蒙古锡林郭勒盟太仆寺旗,参加由西安中粮工程研究设计院等主办的"2016年第二届亚麻籽油产业联盟大会暨产业发展论坛"。

相关专家学者就中国油脂产业发展现状、行业发展趋势、国内外亚麻籽种植及优生区域资源概况、国内外亚麻籽油营养与健康大数据分享、我国油料油脂标准体系及亚麻籽油系列标准修订情况、亚麻籽在功能食品和保健产品及美容护肤等领域的开发应用情况及亚麻籽油市场营销模式等内容进行了深入探讨。

/面积、总产世界第二/

作为中国油脂届"泰斗",中国粮油学会首席专家、油脂分会会长王瑞元在会上做了《发挥联盟作用,推动亚麻籽油产业健康发展》的报告。

众所周知,亚麻籽(也称胡麻籽)是我国特种油料的重要代表,也是我国八大油料之一。我国亚麻籽种植面积和总产量仅次于加拿大,居世界第二位。亚麻在中国已有600多年的栽培历史,当前主要分布在华北、西北地区,种植面积在65万~70万公顷,年产量约为40万吨。

王瑞元说,随着社会的发展和人民生活水平的提高以及科学研究的不断深入,亚麻籽油的营养保健功能越来越引起人们的重视,我国国产亚麻籽油的数量已不能满足市场的需求,需要通过适量进口才能满足市场消费需求。海关数据显示,2014、2015年度,我国进口亚麻籽37万吨、进口亚麻籽油1.7万吨,合计折油量已超过国产亚麻籽的产油量。

国家胡麻品种鉴定委员会委员、内蒙古农牧业科学院研究员张辉说,内蒙古自治区是我国胡麻主产区之一,目前的播种面积为100万亩左右,约占全国的23%,总产量占全国的25%左右。由于具有适应性强、耐旱耐瘠等特点,胡麻已成为内蒙古的主要油料作物之一。

/"神奇"的功能/

资料显示,亚麻籽含有丰富的油脂,其中脂肪含量占亚麻籽仁的60%以上。亚麻籽油中含不饱和脂肪酸80%以上,是富含ω-3和ω-6不饱和脂肪酸功能性油脂的重要来源,具有很高的经济价值及保健作用。

王瑞元说,亚麻籽油的营养价值很高,其重要原因之一是亚麻籽油中富含α-亚麻酸。据检测,亚麻籽油中α-亚麻酸含量高达53%。α-亚麻酸是人体必需脂肪酸之一,在人体内可转化为二十碳五烯酸(EPA)和二十二碳六烯酸(DHA),它们为鱼油中的有效活性成分。α-亚麻酸有抗肿瘤、抗血栓、降血脂、营养脑细胞、调节自主神经等作用,受到广泛的关注。

西安中粮工程研究设计院院长曹万新称,亚麻籽皮中含有亚麻籽胶、亚麻木酚素、膳食纤维和亚麻籽葡萄糖氰苷等成分,将蛋白质和脂肪含量低的亚麻籽皮脱除,一方面可以降低亚麻籽饼粕毒性成分含量,另一方面分离出的亚麻籽皮可以提取亚麻籽胶、亚麻籽木酚素和膳食纤维。

西安中粮工程研究设计院油脂二部所长魏冰表示,鉴于亚麻籽木酚素具有独特的生理功能,若能把亚麻籽木酚素的化学成分与药理活性结合进行研究,从中得到经济价值、营养价值、药用价值较高的保健品和药用功能性产品,不仅可大大提高亚麻籽的经济附加值,还会产生巨大的经济效益和社会效益。

北京华坛医院院长杨少波认为,亚麻籽油确实对许多疾病有改善或治疗作用,俗语说"上医治未病",我们更希望人们从亚麻籽油中获得预防疾病的益处,愿更多的人更早吃上优质的亚麻籽油,为此需要政府部门主导产业布局,扶持企业发展。

第四军医大学营养与食品卫生学教研室主任王枫称,世界亚麻籽医用的历史很长,约公元前650年,医学之父希波克拉底用来缓解腹痛;有人推荐用来治疗咳嗽;约公元1世纪,塔西佗(古罗马)赞扬亚麻的作用;约公元8世纪,查理曼大帝考虑到亚麻籽对健康的重要性,通过法律和条例要求食用亚麻籽。

/ 待破"顽疾" /

张辉认为,胡麻产业当前存在的问题主要有:单产偏低,比较效益低;品种用途单一,品质差;缺乏高效配套栽培技术;缺乏加工专用品种;缺乏加工增值技术;缺乏龙头企业的带动;缺乏原料基地建设。对胡麻产业的发展对策,一是加强高效育种技术研究,提高育种水平;二是开展胡麻增值技术研究;三是加快发展胡麻产业;四是实现胡麻良种、基地、加工、产业一体化。

魏冰与张辉持相同观点。他针对我国亚麻籽油产业存在的"产业链较短、同质化竞争、开发利用低、龙头企业少"四大亟待解决的问题,提出明确建议：一是加大亚麻籽油加工的规模化和集约化建设，加快推进先进的加工设备和生产工艺；二是通过科技创新，在产品的口味、风味和不同食用人群上下功夫，改变同质化现状；三是加强亚麻籽油综合开发的能力，尽快改变利用率低的问题；四是通过正确的市场决策，或做大做强，或强强联合，彻底改变小企业过多的现象。一年前，由西安中粮工程研究设计院主导发起成立的亚麻籽油产业联盟，就是要发力破解"小而散"等难题。

2015年5月14日，全国首届亚麻籽油产业联盟大会在山西繁峙县召开。由28家科研院所、油脂加工贸易企业组成的中国亚麻籽油产业联盟，将强化以企业为主体、市场为导向、产学研用相结合的技术新体系建设，经过3～5年的努力，形成亚麻籽油产业从原料到加工到销售的技术创新模式和运作模式，更好地推动亚麻籽油产业健康发展。

王瑞元在第二届亚麻籽油产业联盟大会上提出，"联盟"要始终坚持以企业为主体、市场为导向、产学研相结合的技术创新体系；要坚持创新驱动，提升企业的自主创新能力和产业核心竞争能力，促进亚麻籽油产业的优化升级。

红井源油脂有限责任公司作为全国最大的亚麻籽油加工企业，是本次会议的承办单位之一。公司总经理贺功礼表示，从2015年开始，公司投资2亿元，占地22万平方米，进行技改搬迁产业升级，被列入锡林郭勒盟重点推进项目，将全力打造集油脂生产、自然观光、工厂示范、美食体验、草原文化为一体的多功能现代化亚麻籽油生态产业园，努力实现中国亚麻籽油标杆企业和领军品牌目标。

在红井源有机产品综合加工基地项目工地可以看到，其一期项目正在如火如荼推进，由河南华泰粮油机械股份有限公司承建的日300吨亚麻籽预榨、浸出及精炼成套设备也在紧锣密鼓地安装。

后临储时代，浓香小榨能否成油企"救世主"

□ 唐恒

  国家取消油菜籽临储收购政策后，国内油菜产业发展如何？菜油加工企业怎样破解发展难题？转战浓香菜油市场，似乎成了大多数菜籽压榨企业的"救命稻草"。产能快速增加，需求却相对平稳，浓香小榨能否担当菜油产业的"救世主"，尚待市场检验。

***

  2015年国家取消油菜籽临储收购政策后，油菜秋播面积减少了20%以上。国内油菜籽种植面积的断崖式下降，正是国家取消油菜籽临时收储政策后国内油菜种植的直接反应。国内油菜产业发展如何、菜油加工企业怎样破解发展难题成为油菜籽产业相关市场主体关注的焦点。

浓香小榨受青睐

据了解，2016年四川省压榨企业开机率维持在30%以上，以浓香小榨为主营产品的中小型压榨企业开机率达到90%，呈现出良好的发展势头。

但与之形成反差的是，长江中下游地区的部分菜油压榨企业在失去临储的"奶酪"后，经营形势每况愈下。在业界对油脂行业的一片唱衰声中，低开机率、转变产品结构甚至关停并转成为国内菜油企业的"新常态"。

四川浓香小榨在疲弱的菜油市场率先崛起，犹如给菜油行业注入了一剂"强心针"，使波澜不惊的菜油市场涟漪迭起。在政策导向和市场前景尚不明朗的前提下，转战浓香菜油市场，似乎成了大多数菜籽压榨企业的"救命稻草"。

国家粮油信息中心分析预测处处长张立伟曾表示，未来国内油菜籽加工企业将会发生分化。受浓香菜油高利润的吸引，农村榨油作坊和浓香菜油生产线数量可能会继续增加，并成为国产菜籽加工的主力军，主产区大型油菜籽加工企业或被迫转型。

事实上，原本生产浓香小榨的菜油企业，目前增加浓香菜油生产线的速度已明显加快。此外，还有一些大中型油厂把浓香型小榨当作新的赢利点和转型方向，开始购进加工浓香型菜油的设备，力图从产品转型的途径寻求突围。

然而，菜油加工企业扎堆浓香小榨市场，是否会使浓香菜油供给端过分"拥挤"尚不得而知。但可以肯定的是，浓香型菜油的消费需求具有较强的区域性和针对性，其市场需求量的增加，同大中型油厂快速增加的产能比起来还较为滞后。浓香小榨能否成为菜油产业的"救世主"，仍待市场的检验。

危与机并存

近年来，人们对食用油的需求数量有所增加，对食品口感、营养、安全等问题日益重视。浓香型菜籽油系列产品因对原料和制作工艺有着较高的要求，而进口菜油在这方面又没有办法实现，决定了浓香小榨将成为小包装菜籽油产品中的主流，需求空间仍会进一步增大。

但是，在国产油菜种植面积逐年下降的趋势下，原料供应是否充足、浓香菜油消费增长空间如何等一系列的未知数考验着浓香小榨的发展，给小榨看似光明的前景增添了不少变数，也让处于发展机遇期的小榨市场变得扑朔迷离，暗藏危机。

在产能增加、产量下降的双重压力下，以国产菜籽为原料的菜油加工企业可能会面临"无籽下锅"的尴尬，进而影响到小榨企业的原料供应。

从市场供需方面来看，随着临储菜油的大量泄库，国内菜油供应的充裕局面仍将持续，进而制约菜油价格大幅上涨甚至打压浓香菜油价格。同时，产能大幅增加，菜油价格上涨空间收窄，导致利润会进一步摊薄，浓香菜油企业，特别是中小企业或将面临生存危机。

此外，浓香菜油行业集中度不高，缺乏区域性领导品牌，也制约着菜油企业健康发展。加上浓香菜籽油与进口的非转基因菜籽油、临储拍卖菜油之间存在着较大的价差，一些不规范的小油厂用进口菜油掺入浓香菜籽油，甚至用棉油、葵花籽油、米糠油掺混冒充浓香菜籽油获利，出现劣币驱逐良币的现象，让浓香菜油企业蒙上了浓厚的"信任危机"阴影。

/ 浓香菜油期货能否纾困 /

成都市新兴粮油有限公司总经理姜敏杰指出："四川规模以上企业，特别是浓香菜油压榨企业开工率较高，菜油消费的市场空间得到进一步拓展，很大程度上源于政府对加工企业的补贴。"据了解，为促进油料生产和产业发展，调动地方政府积极性，中央财政从2012年起对四川省44个产油大县进行专项奖励，截至2016年3月底共奖励资金5.8亿元。

2015年油菜籽临时收储政策取消后，四川省又积极利用中央财政拨付的专项补贴资金，对2016年油菜籽挂牌收购价4.60元/公斤及以上的企业，按0.5元/公斤给予一次性定额补贴，鼓励油脂加工企业积极入市收购，近70家企业因之获益。

在政策补贴的支撑下，2016年参与补贴收购的四川油脂企业全部开机生产，在全国菜油企业中独树一帜。安县陈氏植物油脂有限公司总经理陈前林认为，菜油加工是微利行业，企业挣的就是加工费，不少企业都是靠政府补贴才能维持开机状态。

然而，在我国农业政策进行变革的关键时期，菜油产业同样面临着重大的调整和洗牌，政策转向或补贴取消，将不可避免地影响靠补贴维持运营的企业的生存和发展。

业内人士指出，我国油脂企业只有按照现代企业的发展模式，积极创新，"内做好产品，外打开市场"，从过硬的质量、值得信赖的品牌、提高产业链上的产品的附加值等方面来提高企业的核心竞争力，才不至于在政府"断奶"后陷入亏损或停产关闭的境地。此外，加工企业还要积极利用期货套期保值等方式来规避价格波动带来的经营风险，提高防范市场风险的能力。

"浓香型菜油也符合菜油期货的标准，但它特殊的'香味'等特点并没有得到体现，如果今后增加了浓香菜油的期货品种，国产菜油将具有排他性优势，会进一步提高国产菜油的竞争力。"姜敏杰表示。

冷榨油价格普遍较高　加工业仍需培育

□ 付嘉鹏

　　在专业人士看来，冷榨植物油最大程度地保存了植物油的营养成分，且能耗较低。对于消费者来说，由于冷榨植物油的市场价格普遍较高，短时间内仍无法接受其成为日常用油。许多冷榨油加工企业认为，在消费者日益珍视营养、健康的大背景下，富含多种营养成分的冷榨油，其市场需要慢慢培养。

＊＊＊

　　在"天猫"的搜索栏中输入关键词"冷榨油"，网页会立即跳出102件商品，包括冷榨亚麻籽油、冷榨山茶油、冷榨紫苏籽油、冷榨橄榄油等各式产品。不过，与输入"食用油"所跳出的5457件商品相比，冷榨油的产品数量显然较少。

　　所谓冷榨植物油，是指经过低温压榨所生产的植物油，温度一般在60℃～80℃。冷榨是一种加工工艺，近几年才被部分规模企业引入运用。

　　有专业人士这样评价冷榨植物油：由于冷榨植物油最大限度地保存了

植物油的营养成分，且能耗较低，所以积极推荐。对于消费者来说，由于冷榨植物油的市场价格普遍较高，短时间内仍无法接受其成为日常用油。

/ 叫好不叫座 /

河南省桐柏县的刘师傅是一位出租车司机，对于冷榨花生油，他表达出超过一般消费者的认知："这种油，营养成分更丰富，但是售价更高。冷榨花生油的价格，一瓶能抵得上鲁花的三瓶呢！"刘师傅说，因为昂贵的价格超过了自己的承受能力，自己从未食用过冷榨油。

通过随机抽调某品牌的冷榨花生油发现，与鲁花品牌中价格最高的产品进行对比，以500毫升为例，上述品牌的冷榨花生油价格为159元／桶，鲁花的5S一级花生油的价格仅为139.9元／桶。

笔者在多个省的多家超市内发现，虽然各个促销员都夸自己的油销量如何好，但在一个时间段内，光顾冷榨油展架的消费者寥寥无几，这与其他品类油的展架前消费者络绎不绝的情形形成鲜明对比。

第一坊冷榨花生油由青岛长寿食品有限公司推出，曾获得中国粮油学会"高品质花生油"鉴定成果。该公司的工作人员说，冷榨工艺虽然已经出现多年，但消费者普遍对冷榨工艺不够了解，这是企业宣传不到位的结果。他认为，现在大多数老百姓的用油习惯不太健康，他们普遍认为"炒菜就应该多放油，只有多放油才香"，其实这是错误的。

"当然，现在也有很多老百姓已经明白，要'少吃油、吃好油'。成本虽然已经决定了我们产品的价格，但我们相信，健康、营养的冷榨花生油，在食品安全问题频出的今天，还是有很大市场的，只是可能不如其他低端花生油市场广阔而已。"他说。

对于当前正在培育的市场，许多冷榨油加工企业认为，在消费者日益珍视营养、健康的大背景下，富含多种营养成分的冷榨油，其市场需要慢慢培养。

/ 并非完美无缺 /

冷榨植物油，真的有宣传中那么好吗？

有专家曾以冷榨花生油和浓香花生油为例对两者进行了区分：经过冷榨工艺加工的花生油，闻起来有一股花生的天然清香，而浓香花生油的香味是炒制之后的香味，更加浓郁。

也有相关研究人士以山茶油为例，对两种加工工艺后的营养成分进行了对比。由于冷榨工艺没有经过蒸炒处理，原料中的油脂仍分布在未变形的蛋白细胞中，因此，冷榨茶油保留了很多茶油籽中的亚麻酸、亚油酸、多种微量元素等固有成分，且保留了原有的维生素E、甾醇、类胡萝卜素等生物活性物质，不存在溶剂残留，也不存在反式脂肪酸，保留了大量的内源性抗氧化剂。热榨的茶油则容易造成高温氧化聚合、分解产生过氧化物和某些有害物质，破坏油中的营养物质，并引起蛋白质变性。

武汉轻工大学教授何东平介绍说，行业内提倡冷榨油的大背景，是消费者追求全天然消费习惯的形成，是国家对适度加工的推崇。为防止食用油的过度加工，低温压榨符合潮流。

也有业界人士说，冷榨油并不是完美无缺，也存在一定的健康风险。

"首先，冷榨油的风味不如热榨油；其次，由于冷榨油的机饼中心温度较低，达不到生物菌种致命的程度，因此，如果冷榨油的选料不精细，很容易造成病菌残留超标。"黑龙江一家大豆压榨企业技术人员说，"比如油菜籽，天生包含了许多种病菌，冷榨工艺就难以清除杀死。"

第一坊的工作人员也说，冷榨花生油的原材料必须保证颗粒饱满。

何东平提醒说，对于低温冷榨油，一定要精选原材料，保证加工质量，要符合国家标准才能投放到市场。

业界人士因此认为，国内大部分的油料并不适合冷榨工艺，只有部分高档油品适用。

/ 市场培育仍需加码 /

李连庆是浙江杭州一家粮油批发市场的工作人员,在他工作的批发市场里,所售的冷榨植物油品种少之又少。

"一类是橄榄油,一类是花生油。"李连庆说。从目前来看,冷榨食用油还处于概念炒作阶段,总体销量并不多,有些粮油的经营户甚至还不了解冷榨油这个产品。

作为湖北一家冷榨山茶油的经销商,牛栋(化名)前几年的经营不错。由于经营业绩不错,该品牌的企业甚至出资帮助他在河南市场加大了宣传力度。曾几何时,郑州市的大街小巷,甚至在刚开通的地铁视频广告中,均能经常看到该品牌的宣传广告。

然而,随着国家反腐力度的加大,主要依靠政府机关采购、事业单位福利团购的牛栋,感到经营压力突然增大。一时间,其产品的销售也进入"寒冬"。

与牛栋相熟的人士说,如今的牛栋,正在发展其他产业来支持其食用油版块的发展。

即便许多冷榨油的推动者意识到自己或许会成为倒在市场培育过程中的牺牲者,然而,面对庞大的市场潜力,仍有许多企业不断进入这一行业。

河南一家芝麻油加工企业的负责人称,该企业正在考察冷榨芝麻油的相关生产工艺,已经将相关技术设备的采购提上了企业的议事日程。"这一行业需要人去培育,但培育起来之后,市场空间无疑是巨大的。"长寿食品的工作人员说:"过程虽然很长也很累,但经过我们这么多年的宣传,消费者对冷榨概念有了一定的了解。而且,整体社会发展趋势是大家对健康、对营养越来越重视,这对整个冷榨油行业来说是一件好事。"

国内生物柴油产业步入"高铁"时代

□ 付嘉鹏

近年来,在纷纷爆出的"地沟油"事件催化下,国内生物柴油产业进展迅速。各地纷纷上马相关项目,也为解决地沟油泛滥问题提供了另一种思路。国内各地近几年纷纷上马生物柴油项目,更重要的背景是国家对于该产业的大力支持。在国家相关产业政策支持下,生物柴油的"春天"不再遥远。

* * *

"我们市的一个生物柴油项目试验成功了!"2015年2月5日,湖北省荆门市粮食局相关负责人高兴地说。

该项目为中兴农谷湖北有限公司的酶法加工生物柴油项目,2015年1月21日,刚刚中试成功。

所谓"中试",是指产品在大规模量产之前的较小规模试验。

据介绍,按中兴农谷湖北有限公司目前的工艺,每吨地沟油转化生物柴油的出品率为93%,正式投产后,每月可转化餐厨废弃油脂1万吨。

近年来,在爆出的"地沟油"事件的催化下,国内生物柴油产业发展迅速。各地纷纷上马相关项目,也为解决地沟油泛滥问题提供了另一种思路。

/ 项目纷纷上马 /

生物柴油是一种优质、清洁柴油,具有可再生性,可作为锅炉、涡轮机、柴油机燃料,与石化柴油相比含硫量较低。

据了解,由中兴农谷湖北有限公司自主研发的酶法加工生物柴油技术,是通过生物作用将废弃的动、植物油脂转化为生物柴油。

"根据项目规划,生物柴油项目建设全部完成,10月份10万吨生物柴油项目将全面投产,可实现年产值6亿元。到2015年底,生物材料中试、生物酶小试将完成。到2020年,项目全部建成投产后可实现年销售收入100亿元、利税10亿元。"上述荆门市粮食局负责人介绍说。

就在同一天,"河北金谷油脂科技有限公司油脂化工及新材料项目落户广安"的新闻也被许多媒体转载。

据了解,该项目总投资约15亿元,占地500亩,主要建设10万吨/年新型生物柴油(或生物航空煤油)、15万吨/年氯代环保增塑剂、10万吨/年环氧植物基环保增塑剂、10万吨/年基础油、5万吨/年高品质润滑油及1000万平方米/年超级纤维项目。

此前就有媒体报道说,中国商用飞机有限责任公司与波音合作建立的中美航空生物燃料示范项目在浙江杭州正式投入运营。此项目将地沟油转化为可持续航空生物燃料,预计每年将达到18亿升(5亿加仑)。此类航空生物燃料已经被用于超过1600个商业航班。

/ 迎来发展天时 /

之所以想到利用地沟油来加工航空燃料,是由地沟油的性质决定的。

波音(中国)技术与研发副总裁伍东扬解释,这一项目最初立项时,就考虑到了项目在资源、社会和经济三方面的可持续性。

以社会可持续性为例,目前生物燃料的三大类来源中,除了动植物油脂类和转化率低、成本投入大的木质纤维素类（如秸秆、木质废料）外，还有成本相对低的淀粉类（如玉米、甘蔗、木薯等），但采用淀粉类原料进行燃料开发势必会出现"与民争粮"，因此一开始就被研究团队否定。

中国商飞—波音航空节能减排中心的负责人、中国商飞北京民机技术研究中心副主任兼技术委员会主任王光秋博士则表示，地沟油在中国是特有的原料，从地沟油到中间品这一整段已经商业化运行了，而且这种动植物油脂不仅能量密度比较高，其成分也跟石油燃料比较接近。

另外，我国地沟油供应量也比较充足，比如在杭州周边及上海地区，就已经有五六家专门收购地沟油的企业，此前给一些化学品工厂供货，从这些企业那里可以买到比较稳定的、大量的地沟油。

此外，国内各地近几年纷纷上马生物柴油项目，更重要的背景是国家对于该产业的大力支持。2014年11月28日，国家能源局向社会印发公布《生物柴油产业发展政策》。国家能源局的相关通知指出，发展生物柴油产业对于改善大气质量和生态环境、提高绿色清洁燃料应用比重、探索石油替代途径、促进能源发展具有重要意义，是解决地沟油回流餐桌问题、切实保障食品安全、维护公众身体健康的重大举措，是变废为宝、化害为利、促进循环经济发展、提高生态文明水平的必然要求。

《生物柴油产业发展政策》提出，要构建适合我国资源特点，以废弃油脂为主，木（草）本非食用油料为辅的可持续原料供应体系。同时，要对生物柴油按照国家规定给予税收政策支持；对生产原料中废弃油脂用量所占比重符合规定要求的生物柴油，享受资源综合利用产品及其他有关增值税、消费税税收优惠政策；研究出台调合用车用柴油税收优惠或其他鼓励政策。

在多位业内人士看来，这一政策彻底为生物柴油正了名，生物柴油发展迎来了实实在在的"春天"。

/ 面临险恶市场环境 /

据媒体报道，此前，受性价比不高、销售渠道不畅、原料供应不足、扶持配套不够等因素影响，我国生物柴油企业发展举步维艰，陷入生死劫。

事实上，早在多年前，荷兰皇家航空就曾在直飞的阿姆斯特丹往返巴黎航线上使用由地沟油转化而来的生物燃料作为动力之一，不过当时使用地沟油转化的燃料的价格是普通飞机燃料的3倍。

此次中美航空生物燃料示范项目所开发的以油脂化工技术为基础的加氢脱氧转化方式，则进一步降低了转化成本，所炼制的生物航油成本是普通石化燃料的2倍。

"之所以比传统石化燃料贵，是因为原油的价格相对比较便宜，开采也比较成熟。地沟油虽然本身比较廉价，但加上整个收储成本，其实费用也是比较高的。而且在中国，地沟油的去向比较难保证。同时，地沟油在炼制过程中也会有损耗，而石化工业已是一套非常完整的体系，原油在炼制过程中损耗小，而且它产生的各种副产品也都能卖。"波音（中国）研究与技术航空生物燃料研究工程师孙俊磊说。

此前，《生物柴油产业发展政策》出台时，也正面临着国际油价不断走低的大背景。

在国际油气价暴跌的影响下，许多生物柴油生产企业的产品报价也不断走低，以至于跌破成本价，这进一步增加了生物柴油企业发展的困境。

目前，比较成熟的航空生物燃料主要是从麻风树、亚麻荠、海藻和盐生植物中提取，其中以麻风树为原料的种植、提炼、标准化工作最为成熟，全球已进行了多次试飞。但目前所使用的生物燃料，都因成本太高而无法正式投入商业使用，这也是制约全球替代燃料产业迅速扩张的最大阻力。

"目前，还没有一个方案是只靠一种技术、一种原料就能解决所有问题的，最终整个产业的建立一定是靠多种原料、多种技术齐头并进发展才有希望。"孙俊磊表示。除了新技术的开发，他们也在积极寻找其他更便宜的原料，比如秸秆。它的价格很便宜，但由于它的成分跟航煤相差太远，整个转化过程会极大增加成本，所以要研究怎样开发新的转化技术，让秸秆能够非常便宜地变成航煤。

"由于要靠不断创新开发新技术来降低成本，而且出于安全性考虑，对新的生物燃油的标准认证至少需要两年甚至更长，因此预计未来两年，航空生物燃料的商业模式才能确定；未来十年，航空生物燃料才有可能得到商业规模化使用。"伍东扬说。

多项难题待解　油脂适度加工前路漫漫

□ 付嘉鹏

　　一直以来，我国油脂生产存在过度加工的现象，随着人们消费意识的觉醒，政府和行业人士开始推出适度加工的概念和要求。然而，在业内人士看来，适度加工的概念仍含混不清。适度加工需要企业改造现有工艺设备，所带来的成本增加不可避免。此外，市场仍不接受适度加工产品。这些问题都将成为业内推行适度加工的巨大阻碍。

＊＊＊

　　"现在的油脂加工企业，精炼过程中搞'七脱'，甚至'八脱'，这样加工出来的油还算是油吗？"2014年12月，在食用油行业的一次会议上，一位权威人士怒不可遏地说。国内油脂加工业的价值倾向已然出现问题，在提倡适度加工的大背景下，过度加工的情形仍未得到真正遏制。
　　一直以来，我国油脂生产存在过度加工的现象，随着人们消费意识的觉醒，政府和行业人士开始推出适度加工的概念和要求。

然而，在业内人士看来，短期内来看，适度加工的概念仍含混不清。与此同时，适度加工需要企业改造现有工艺设备，所带来的成本增加不可避免。更为关键的是，市场仍不接受适度加工产品。这些问题都将成为业内推行适度加工的巨大阻碍。

/ 高效低耗如何推行 /

2014年12月，在位于湖北省老河口市湖北奥星粮油工业有限公司的生产车间内，一条菜籽油的生产线正在满负荷生产。

该公司负责生产的负责人亚森·玉山介绍说，同样是生产菜籽油，这条生产线却不如2013年上马的日加工800吨油菜籽的生产线节能。

亚森·玉山所说的这条节能生产线，正是公司会同武汉轻工大学于2013年完成的油菜籽高效低耗制油新工艺示范生产线。在经过一年多的运转之后，该生产线已经完全达到当初的改造目的。

"相较于传统工艺，使用新工艺的生产线，平均1小时节约用电23℃，加工1吨菜籽油节省水蒸气27吨。"亚森·玉山表示。不仅如此，该生产线加工出厂的菜籽油，色泽漂亮，品质更优。

湖北省科技厅出具的鉴定书，印证了亚森·玉山说法的真实性。

据鉴定书内容，新工艺与传统预榨浸出制油工艺和预榨膨化浸出制油工艺相比较，省去了轧胚和蒸炒工序，较传统预榨浸出制油工艺和预榨膨化浸出制油工艺，分别节省蒸汽消耗21.7%和38.5%，减少装机容量17.4%和27.6%，充分体现了高效低耗的特点。

亚森·玉山自豪地说，新工艺的榨油温度由传统工艺的110℃～120℃下降到65℃至室温，有效降低了毛油色泽和磷脂含量，减少了油中脂溶性维生素E、植物甾醇等营养成分的流失，获得低温预榨菜籽毛油，经沉淀、精滤即得低温压榨菜籽油（达到国家标准四级GB1536-2004）。

"该毛油仅仅经碱炼脱酸、水洗真空干燥，就能得到低温压榨一级菜籽油（达到国家标准一级GB1536-2004）。"亚森·玉山说。

在武汉轻工大学相关研究人员看来，该新工艺生产线具有灵活性和多用性。根据油菜籽加工需要，新工艺生产线既可以进行破碎、低温预榨、膨化浸出制油，也可以进行预榨、浸出制油，还可以对小榨饼原料进行膨化浸出制油。

"新工艺是一种崭新绿色节能环保工艺，是国内菜籽油加工业推进'适度加工'的示范生产线。"武汉轻工大学相关研究人员表示。

/ 消费市场仍需培养 /

一直以来，在我国，油脂生产长期存在追求油脂色泽浅、酸值低和烟点高的倾向，带来加工过程中的温度过高、加工助剂用量偏大等问题，造成油脂营养品质下降、资源利用率偏低、能耗加大、生产成本过高和环境污染等。

在油脂加工企业看来，为了迎合消费者过度追求油脂色泽透亮、味道香醇的喜好，企业只得对油脂一遍一遍地提纯加工。

福建省厦门市一位多年经营茶油的企业营销人员说，企业长期以来只做纯茶油，因此建立起来的客户群体相对单一，感官上给客户带来的影响较少。在她看来，即便如此，很多消费者还是偏爱清澈透亮、淡黄色的茶油。

"茶油也存在不同颜色，偏深色的油一般被认定是土榨坊所榨毛油，但色泽太浅的话则有可能是浸出油。"上述营销人员表示，"普通家庭在选择食用油时，首先肯定会选择自己信赖的品牌，但是也会将色泽作为参考标准，毕竟颜色深的话可能含有更多杂质。"

在国内的大豆压榨行业，加工企业对于这一点的认识更为深刻。据山东渤海实业股份有限公司相关负责人介绍，国内市场上，消费者普遍看重食用油的颜色，"尤其是南方市场，这种倾向更为明显"。

益海嘉里食品营销有限公司相关负责人也非常认同上述观点。在他看来，虽然行业已经认识到过度加工的危害，但企业如果矫枉过正，其产品很可能因为市场不接受而遭遇滑铁卢。

一位业内权威人士表示，在国内推行适度加工，已经刻不容缓，推进适度加工，应该在行业内形成共识。

/ 适度加工等待破题 /

在企业界人士看来，想要推进适度加工，不仅仅要解决市场的接受度问题，如何厘清概念、制定标准，则是当下应该解决的紧要难题。

一般意义上，适度加工是指兼顾成品粮、成品油的营养、口感、外观、出品率和加工成本的加工程度，按照大米、小麦粉等国家标准规定要求指导下的合理加工。

然而，在许多油脂加工企业负责人看来，如果真正制定相关适度加工的规定或者标准，适度加工的定义需要更加精确。

"比如说，适度加工的目的是什么？是需要增加油脂的得油率，还是要体现产品的质量标准，又或是意在减少化学制剂的使用？这些问题都要厘清。"丰益（上海）生物技术研发中心有限公司相关负责人王勇说。

一些油脂加工企业的负责人认为，在油脂加工过程中，现有的部分工艺流程是"顾此失彼"的，不可能兼顾。

"比如说，提升了得油率，意味着其他消耗的增多。因此，如何综合评判该流程是适度加工，需要全方位的指标。而这个指标是否科学，需要进行长期的实验推论。"也有企业人士表示，提倡适度加工，就意味着企业工艺流程的改造，这种工艺改造是否需要投入巨资？在连年亏损的背景下，动辄几十万甚至数百万的设备升级改造，是否会给行业造成负担？这些都会影响行业推行适度加工的积极性。

我国芝麻油加工业亟须领军企业带动

□ 付嘉鹏

如果单纯生产芝麻油,行业外人士认为行业发展空间不大,市场上的资本也不愿进入。企业利润的不足,也导致了假芝麻油在社会上的横行。业内人士表示,就像花生油有"鲁花"、葵花籽油有"多力"为品牌代表一样,芝麻油加工业同样需要一家领军企业来引导整个产业的发展。

***

"以芝麻油切入市场,再扩展到烹饪用油,最后跨入食用调和油市场,从而做大做强品牌",在芝麻油行业,这正在成为许多企业负责人制定企业发展愿景时所必用的战略。

安徽燕庄油脂,创建之初就生产冷榨芝麻烹饪油,直接与调和油企业争夺市场;湖北福达坊,在做透芝麻油行业后,随即转向多元油品的发展;河南春芝,在倡导消费者可以用芝麻油炒菜的同时,也经销起橄榄油。

"如果单纯生产芝麻油,行业外人士认为行业发展空间不大,市场上的资本也不愿进入。"一芝麻油加工企业的负责人说。

郑州新油梆食品有限公司董事长夏忠义已经混迹芝麻油加工业半生，在他看来，就像花生油有"鲁花"、葵花籽油有"多力"为品牌代表一样，芝麻油加工业同样需要一家领军企业的出现来引导产业的发展。

/ 对外依存度达七成 /

河南驻马店平舆县是全国白芝麻种植面积最大的生产基地县，生产着全世界品质最好的芝麻。不过，近几年，平舆县的芝麻种植面积在不断缩减。

"据我了解，平舆全县现有芝麻种植面积不会超过10万亩，"有当地人介绍说，"当地政府至今仍宣扬全县芝麻种植面积在40万亩，这一数字明显存有较大水分。"

夏忠义说，与玉米相比，种植芝麻的经济效益相对较好。然而，种植较为麻烦、无法进行机械化生产正在严重制约着芝麻种植面积的增加。

"现在的农户越来越'懒'，芝麻种植面积也在不断减少。"夏忠义说。

不过，国内芝麻的消费量却在直线增加。

卓创资讯芝麻分析师张瑾节手里的数据显示，近几年，我国芝麻消费量的增长速度约为5%。随着国内芝麻缺口的增加，进口芝麻成为重要补充。

"非洲、印度、缅甸等都是芝麻主产区，中国则既是主产区又是主销区。"张瑾节说。

据了解，我国2003年开始进口芝麻，如今，我国芝麻对外依存度已经达70%。

/ 丢掉的话语权 /

伴随着对外依存度的不断提高，中国在国际市场芝麻价格上的话语权也越来越微弱。

虽然中国需求极大左右着芝麻的市场价格，但在夏忠义看来，中国可以主导国产芝麻价格的形势正在成为历史。根据他多年的经验，近几年，中国需求已经在非洲等主产区培养出实力颇强的芝麻供应商,这些供应商在国际市场上越来越具备话语权。

2014年,我国的芝麻价格不断下跌。卓创资讯的数据库信息显示,2014年4月份,国产芝麻价格为当年的最高点,约为18,000元／吨;9月份,国产芝麻价格已经滑落到14,300元／吨左右。

张瑾节给出的原因是,非洲芝麻丰收,供应量充足。

中国芝麻网的公开数据显示,2015年3月上旬,国内油用芝麻收购价格普遍在12,600~13,200元／吨。

从2014年9月到2015年,芝麻也走出了一波先涨后跌的行情。

在张瑾节看来,2014年9月,国内芝麻到港量减少,价格由此走高。

长期来看,由于到港量的不断增加,芝麻价格开始回落。

"由此也可以看出,我国已经对芝麻失去了定价权。"相关分析人士说。

夏忠义说,由于无法把控芝麻价格,为严控企业风险,企业的原料采购采用的是随采随用的策略。"有的大贸易商会整船地进口,我只会从中分一些。"虽然这种策略保证了企业的利润,防控了经营风险,但也让夏忠义错失了许多商业机会。

"以往,我们都是过完正月十五才会陆续发货,2015年的春节还未过完,就有钱打到公司账户,催促我早点儿发货。"夏忠义说,"由于年前备货不足,不得不在节后推掉了许多客户。"

/ 领军品牌亟待出现 /

最近,夏忠义正为企业在新三板上市忙碌着。"应该有较大把握。"夏忠义说,"为了进一步做大做强企业,必须先解决资金问题,而企业在新三板上市,也不失为一条解决途径。"

新油梆急于寻找融资途径,其背后是整个芝麻油加工业利润的不足。

"现在,整个行业最大的问题就是没有一个好的加价率,导致行业无法健康发展。"夏忠义说。

一般来说,快消品行业终端产品的售价包括30%的成本、30%的营销费用、10%的生产费用、10%的研发费用以及20%的经销商费用。

据夏忠义介绍，芝麻油产品的终端价格包含了40%左右的成本，刨除40%左右的经销商费用和生产研发费用之后，剩下20%为加工企业的费用。"这些费用包括了仓储、管理、财务、宣传、市场，等等，刨去这些，剩下的纯利润并不多。"为了提高企业利润，国内的芝麻油加工企业都采用国产芝麻与进口芝麻掺兑加工的方式。

"国产芝麻的品质比较好，而在进口芝麻中，仅非洲芝麻能和国产芝麻相提并论。"夏忠义说。国产芝麻的市场价格普遍高于进口芝麻，因此，单用国产芝麻来加工芝麻油，按照2015年3月的芝麻油市场价格，企业毫无利润可言。

企业利润的不足，也导致假芝麻油在社会上横行。

"为了赚钱，一些不良企业采用棉籽油掺兑香精的方式来造假。据我所知，这些企业的调配方法都不一样。"有业内人士说。

为了购买放心芝麻油，集贸市场、商超等场所出现的现磨芝麻油，开始受到越来越多消费者的青睐。

"这些商户的原料，很大一部分也来自于厂家。但是，这种利用小榨油机的加工方式，难以去除有害物质，易导致黄曲霉毒素超标，不建议大家购买。"夏忠义说。

包括夏忠义在内的业内人士认为，行业现在需要一个强有力的领军企业，只有这样，整个行业才能慢慢走出困境，走向成熟。

"就像花生油行业有'鲁花'、葵花籽油行业有'多力'品牌的道理一样，这些大企业会引导着整个产业走向正轨，实现健康发展。"夏忠义说。

国内油脂消费进入多元化时代

□ 付嘉鹏

经过短短30年时间，猪油的地位被食用植物油所替代，国人不仅很少食用猪油，对食用植物油的消费也日趋多元化。在多种因素作用下，我国油品多元化格局已经确立。除去主要油籽作物，椰子油、橄榄油、山茶油、核桃油等小油品，会随着人们生活质量的提高不断增加。

***

在一家贸易公司担任财务主管的王志，由于和家人两地分居，平时不得不自己采购生活用品。此前从未关注过食用油的他，也逐渐开始学会了挑选。

"我挑选食用油，坚持两个原则：第一选择非转基因，第二选择品牌。"王志说。超市所提供的食用油品种越来越丰富，可选择余地越来越大，他有时也会购买一些小品种油尝鲜。

千百年来，国人的主要膳食油脂——猪油的地位，一直无法撼动。经过短短30年时间，猪油的地位被植物食用油所替代，国人不仅很少食用猪油，对植物食用油的消费也日趋多元化。

我们从各大主要卫视的食用油广告就可以略窥一二。无论是央视的黄金时段，还是各个主要卫视的王牌节目前后，益海嘉里、中粮等大品牌广告一统屏幕的格局，正遭受国内一些区域性强势品牌的冲击。

"从趋势上来说，随着我国人口的稳步增长，国内植物油消费每年有1%~3%的增幅，油品上也会有一个多元化的趋势，但是每个油品消费量的变化主要受各自的供需和油品间的价差来决定。"中粮集团油脂油料部相关负责人说。

在包括上述负责人的很多业内人士看来，目前国内上规模的食用油加工企业有数千家，但是真正能成为一线、辐射全国的品牌屈指可数。如今，国内食用油加工业已经面临多品项百家争鸣的局面，这对中国食用油品质和自给率的提升，不得不说是一个有益补充。

/ 主油品布局初定 /

2015年3月底，在中国粮油学会授予湖北沙洋县"中国菜籽油之乡"称号的仪式上，湖北奥星粮油集团董事长梁红星介绍说，在国人消费升级的大背景下，老百姓需要低饱和脂肪酸高油酸食用油来减轻饱和脂肪酸带来的系列问题，而双低菜籽油是迄今发现饱和脂肪酸含量最低的植物油，符合国人健康消费所需。

不过，由于现代健康营养所需，外加国际、国内市场影响，我国主要油籽作物的产量不断萎缩，椰子油、橄榄油、茶油、核桃油等小品种油的供给出现增加。

上述中粮集团人士认为，国内菜籽油的消费占比在逐年下降。"最主要的一个原因就是，2008年以来，我国实行临储收储菜籽油，导致菜籽油和其他油品间价差明显拉开，菜籽油的竞争优势明显下降，消费比重明显下滑。"

据计算，国内目前临储菜籽油库存较多，如果储备集中轮出，菜籽油的价差会出现短期明显优势，那么，菜籽油消费也会在短期出现明显增加。

"长期来看，菜籽油依然是国内主要油脂消费品，消费量的变化主要取决于它的供需和价格。"上述中粮集团人士说。

一般意义上，我国的主要油籽作物包括：大豆、花生、菜籽、棉籽、葵籽。由于地域不同，国内各地区对于植物油的偏爱也有区分。例如，东北地区的人们多选择大豆油，西北地区的人们喜欢胡麻油，西南地区的人们喜爱菜籽油，中原地区的人们热衷花生油，东南地区的人们则会食用山茶油。然而，伴随着工业化进程的加快、国内流动人口的增多，这种偏爱的特性正在被淡化。

相关行业人士表示，受到大豆进口数量和大豆压榨规模增加的影响，国内豆油的消费量和消费占比也是逐年增加，豆油始终是国内油脂消费第一油品，预计豆油的消费占比将会持续保持在第一的位置。

在进口油脂油料的冲击下，我国油籽的总产量出现萎缩。相关业内人士介绍说，近年来，由于种植收益的下降，我国大豆、菜籽、棉籽的种植面积明显下降，导致产量逐年下降，花生的产量略有增加，但是每年增幅有限，葵籽的产量多年基本稳定，整体来看，我国油籽的总产量从2009、2010年度开始逐步缓慢下降。

/ 饲料需求推动进口 /

近年来，我国进口大豆数量连年增加，不仅伤及国内大豆产业，同时被部分人士判定为严重影响国内粮食安全。

有分析机构人士表示，中国进口油籽是为了压榨，压榨是为了满足国内饲料养殖的需求。数据显示，中国主要进口的油籽是大豆，占到总油籽进口的95%左右；其次是菜籽，占到总油籽进口的4%~5%；其他油籽基本很少进口，总计占不到进口的1%。

"中国的油籽压榨主要是为了给饲料养殖提供蛋白原料，所以压榨量的多少主要取决于蛋白原料需求多少，油脂作为油籽压榨的副产品，根据各油籽出油率不同，油脂作为副产品的比重略有不同。"上述中粮集团人士说。

该人士表示，中国油脂产量是由油籽压榨和玉米深加工得来的，是国内油脂供应的一个主要来源，大豆油也随着大豆进口和大豆压榨不断扩张，豆油也是国内最大的油脂供应产品。"此外，油脂进口作为国内油脂供应的另外一个主要途径，占到国内总油脂供应的25%～30%。"据了解，在压榨油脂不能满足国人需求的情况下，我国国内油脂的供给需要直接进口植物油来弥补剩下的供应。

根据相关数据分析，从进口油品来看，棕榈油是我国最大的进口植物油，占到总进口植物油的65%左右；2008年以来，菜籽油进口数量猛增，其主要原因是国内施行临时收储政策，导致进口利润巨大、进口数量激增；葵花籽油进口的明显增加则是始于2013年，主要是因为乌克兰、俄罗斯等国的葵籽产量大增，导致葵花籽油价格比豆油便宜。

/ 多元化趋势显现 /

在多种因素作用下，我国油品多元化格局已经确立。

一直以来，作为国内最大的两家食用油生产企业，益海嘉里和中粮集团旗下的"金龙鱼"和"福临门"品牌大豆调和油系列产品，被视为国内食用油品牌的象征。随后，鲁花以花生油切入国内小包装食用油市场，并迅速取得成功；多力也以葵花籽油为主打产品攻入；欧丽薇兰则以橄榄油进驻中国。

近两年，国内食用油的品类愈加丰富，品牌系列更为完善。以西王、长寿花为主的玉米油企业，不仅开创了新一类油品，更是打造出一个全新的健康食用油概念。

在著名品牌农业营销专家娄向鹏看来，近几年，在食品安全、转基因事件持续发酵的大背景下，国内消费者怀揣"宁可信其有不可信其无"的心态，开始接受新的消费理念。同时，近两年国际食用油价格"跌跌不休"，导致许多油企的大豆油压榨无利可图。在这些因素的共同影响下，国内食用油消费市场迎来新的转型升级。这种升级变化，外加国家政策的倾向引导，令许多行业外资本认为，此刻正是进入粮油行业的难得机遇。

相关分析认为，除去主要油籽作物，椰子油、橄榄油、山茶油、核桃油等小油品会随着人们生活质量的提高而不断增加。

"受供应限制，小油品增幅的空间相对有限，但是会挤占其他油品的消费份额，总体使得油脂消费多元化。"上述中粮集团人士说。

在此基础上，我国各个品类油脂油料的消费仍会出现微调。

"由于受到供应限制，尽管花生油的消费每年在增加，但是在整个油脂消费中，所占比例还会继续逐年下降。"相关分析人士表示。

近年来，由于国内玉米深加工量的不断增加，玉米油产量也在不断增加，消费相应逐年增加。

上述分析人士表示，后期玉米深加工量不会出现以前那么大的增幅，所以玉米油的供应量也受到了很大影响，预计玉米油的消费后期也会像花生油一样，每年消费基本稳定。

关于葵花籽油的消费，上述中粮集团人士表示，受到产量限制，国内葵花籽油的消费在2012年之前比较平稳，增幅不明显。近些年，由于全球葵花籽油产量明显增加，价格出现明显优势，导致进口量和消费量明显增加。"同时，国内近几年对地沟油、食品安全以及转基因的重视，成为很多人青睐葵花籽油的一个主要原因。不过，从长期来看，葵花籽油消费继续大幅增加的空间有限，增幅空间也完全由其产量和价格来决定。"

棕榈油是国内调和用油的第一大基础油品，其消费主要是在餐饮和工业中，家庭小包装的用量相对有限。受到经济下滑和反腐影响，国内棕榈油消费的增速明显下降。上述分析人士表示，棕榈油的消费会通过和油品间的价差来进行调整，在中包装的调和油中去竞争市场。

/ 小品牌巧妙创新 /

此前，行业外资本的大举进军，虽然提高了油脂加工业的活跃度，但也给中小油脂加工企业带来巨大压力。为稳固市场地位，扩大市场影响力，这些企业不得不加快品牌升级的步伐。

2015年2月1日开始，根据《新年的故事》改编的最新一季的《新年来啦之文字大劫难》正在各大卫视热播。同时，为了进一步扩大该动画片的影响力,以此片为基础的动漫电影《新年来啦之大闹除夕》于大年初一(2月19日)上映。

该动漫电影通过通俗易懂的演绎方式,让小朋友们在潜移默化中学习到中国传统习俗,了解传统节日的来历。

在该动漫电影中,一个以"香油君"命名的卡通形象,虽然出现次数不多,给观众留下的印象并不算深,却被一家食用油企业的负责人寄予厚望。

新油梆食品有限公司是一家位于河南省内的中小型芝麻油加工企业。据董事长夏忠义介绍,为了塑造品牌,扩大品牌影响力,自己也曾做过许多尝试。

"一次偶然机会,通过朋友的介绍,我了解到了动漫电影《新年来啦之大闹除夕》,并与该团队进行了接触。"夏忠义介绍说。新油梆食品有限公司一直致力于挖掘整理芝麻油的传统文化价值,其品牌"油梆子"的LOGO(商标)就是一个卡通的"香油君"形象。"如果进行深入合作,双方或许可以在品牌推广、传统文化推广方面实现良好的互动。"随后,《新年来啦之大闹除夕》中出现的"香油君"卡通形象,正是新油梆食品有限公司的品牌形象。

"短期来看,这个品牌宣传或许难以对我们产品的销量起到多大帮助。然而,新油梆是准备做百年老店的企业,该形象不仅可以进一步提升我们品牌的美誉度,同时还可使品牌中蕴含的传统文化基因进一步扩散和彰显。"夏忠义说。

娄向鹏认为,从市场和消费层面来看,当转基因成为金龙鱼等企业的软肋时,具有中国地域特色的茶油、牡丹油、亚麻籽油等小油种将具有认知上的天然优势,发展潜力无穷。"此外,我建议中小粮油加工企业一方面不要贪大求全,做精做细;另一方面要夯实基础,从区域市场做起,一步一个脚印,才能实现真正的发展。"

中国粮油书系第二卷之
农经观察

食品篇

Shipinpian

马铃薯主食化,是近还是远

□ 冯华　王浩

　　马铃薯主食开发,就是将马铃薯加工成适合中国人消费习惯的馒头、面条、米粉等主食产品,实现马铃薯由副食消费向主食消费转变、由原料产品向产业化系列制成品转变、由温饱消费向营养健康消费转变。把马铃薯纳入主食大家庭,有助于推进农业供给侧和需求侧的有效对接。

＊＊＊

　　小小"土豆君",火了又火。农业部日前公布《关于推进马铃薯产业开发的指导意见》(以下简称《指导意见》),提出到2020年,马铃薯种植面积扩大到1亿亩以上,适宜主食加工的品种种植比例达到30%,主食消费占马铃薯总消费量的30%。

　　这份《指导意见》一发布,又在社会上引发热议。马铃薯,本是餐桌上的家常菜,醋熘土豆丝、地三鲜、土豆炖牛肉……这些年,我们吃过多少土豆,恐怕数也数不清。不少人心存疑惑,为啥要提倡马铃薯主食开发,是粮食不够吃了吗？马铃薯作主食，怎么个吃法？马铃薯产业开发，又该怎么推进？

/ 从"副食"到"主食"，马铃薯凭什么"逆袭"？/

"马铃薯主食开发，并不是让大家直接把马铃薯当成主食吃。"中国农科院农产品加工研究所所长戴小枫解释，"马铃薯主食开发，就是将马铃薯加工成适合中国人消费习惯的馒头、面条、米粉等主食产品，实现马铃薯由副食消费向主食消费转变、由原料产品向产业化系列制成品转变、由温饱消费向营养健康消费转变。"

让习惯当菜吃的土豆当干粮，是粮食不够吃了吗？

农业部种植业管理司司长曾衍德说："我国粮食已连续12年丰收，推行马铃薯主食开发，并不意味着三大口粮出现短缺。但从供给侧结构来看，口粮出现'三量齐增'现象，特别是玉米去库存压力大，因此要调减玉米种植面积。从需求侧结构来看，随着生活水平和消费水平的提升，追求营养健康成为消费趋势，而农产品市场结构又比较单一。因此，把马铃薯纳入主食大家庭，有助于推进农业供给侧和需求侧的有效对接。"

此外，推进马铃薯主食开发，还有利于缓解资源环境压力，实现农业可持续发展。马铃薯耐寒、耐旱、耐瘠薄，适应性广，种植起来更为容易。

那么，为什么选中了马铃薯作主食？

食物史证明了马铃薯是适合人类需求的主食。农业部副部长余欣荣说，在欧洲各国和美国等国家，马铃薯作为主食已经有几百年的历史。就中国而言，在西北的陕西、宁夏部分地区，东北部分地区，马铃薯已经成为老百姓餐桌上的主食。随着经济的发展，人们的消费需求日渐多元，为了顺应这种趋势，我们应不断实现主食的多元化，在全国范围推广马铃薯主食。

最令人心动的是马铃薯的营养价值。农业部食物与营养发展研究所所长王小虎说，通过检测发现，马铃薯主食含有人体所需的全部7类营养物质，还填补了日常主食中缺乏的维生素A和维生素C。100克的马铃薯中维生素的含量相当于7个苹果的含量，或者是一个半西红柿的含量，钾的含量相当于两根香蕉。

从事马铃薯育种及产业开发的希森集团董事长梁希森说:"部队吃的压缩饼干99%都是马铃薯全粉,航天员在太空中的食物也是由马铃薯全粉加工成的,马铃薯全粉的营养价值可见一斑。"

王小虎说,项目组在内蒙古的实验表明,坚持食用马铃薯全粉占比30%的馒头,人体中的血糖、血脂和胰岛素等指标更健康。

/马铃薯馒头,何时能吃上?/

"光听新闻上说马铃薯主食化,可是在超市里也没见过马铃薯馒头,在哪儿能买到?"说起马铃薯主食化,正在超市采购食品的北京市民王阿姨很好奇。

"马铃薯全粉营养价值比较高,一般全粉含量在20%~30%的马铃薯馒头就很好吃。"梁希森说,"希森集团2015年6月开始工厂化生产马铃薯馒头,当地普通馒头0.5元一个,马铃薯馒头1元一个,产品供不应求,还大量销售到天津、济南等地,北京市场也在慢慢开拓中。"

不只是馒头,在中国农科院举行的马铃薯产业开发高层研讨暨成果发布会上,现场陈列了6大类154种马铃薯主食产品,除了馒头、面条这些大众型主食,还有入口即化的豆沙糕、造型别致的菊花饼、精巧美味的曲奇饼干……美味的口感,让品尝者赞不绝口。

"以马铃薯粉占比40%的主食产品为例,未来10年,以20%的速度推进,马铃薯传统主食产品的消费能力可达2000万吨左右,休闲型产品的消费能力能达800万吨左右,"王小虎说,"马铃薯产品市场将是一片广阔'蓝海'。"

"加快推进马铃薯产业化势在必行。"余欣荣说,"马铃薯产业化取得阶段性进展,但要满足潜力巨大的市场,还需要从各环节入手,不断加快产业化步伐。"

"育种创新还需加强,尤其是适宜主食加工的马铃薯品种选育工作。"戴小枫说。马铃薯因为产地、品种不同,淀粉等干物质含量有明显的区别。比如山东产区的一些品种亩产可达3~4吨,但淀粉含量较低,出粉率低;相反,淀粉含量较高的甘肃"一点红",出粉率高,但亩产量却仅有1~1.5吨。专家表示,如何培育出高产且高淀粉含量的品种是产业开发的另一关键。

王小虎介绍，农科院构建了245个马铃薯品种的基础信息数据库，确定马铃薯的筛选体系，共筛选出4个生态区的18个适宜主食开发的品种，加快破解这一难题。

此外，加工难题亟须破解。戴小枫认为，全粉加工环节面临两大难题。一是企业力量薄弱，产能较低。目前全国只有8万吨的产能，而且实际开工率不到一半。二是生产成本偏高。以熟粉来说，面粉每吨成本为4000元，马铃薯全粉每吨需要1万～1.2万元。如何解决成本偏高的问题将是今后的重点。

"主食产品要更加丰富。"余欣荣说，"企业能够灵敏地发掘市场需求，创新出更加多样的马铃薯主食产品。据了解，马铃薯馒头已在京津冀600多家超市销售，但要满足不同区域的饮食习惯、不同层次的消费群体，还需要企业加大创新产品的力度。"

/ 马铃薯产业化，不会与三大主粮争地 /

我国耕地面积有限，资源环境约束日益趋紧，大力推行马铃薯产业化，扩大马铃薯种植面积，会不会形成与三大主粮争地抢水的局面？

"推广马铃薯产业，不会与三大谷物抢水争地。"曾衍德说，"利用南方冬闲田、西北干旱半干旱地区和华北地下水超采区，因地制宜扩大马铃薯生产，力争形成马铃薯与水稻、小麦和玉米相互补充、协调发展的局面。"

"增加马铃薯种植面积，正好与调整种植结构相契合。"曾衍德说。当下玉米产能过剩，过去12年全国玉米种植面积增加了2亿多亩，其中"镰刀弯"区域就占了近四成。未来，"镰刀弯"地区可以增加需水量少、产量相对较高的马铃薯种植面积。

马铃薯产业化，更应该有重点地梯次推进。余欣荣说，未来将按照"一个主中心、七个次中心"的整体布局推进。作为主中心的北京，将成为马铃薯产品研发技术中心，形成一批引领性的产品配方和加工工艺。梯次推进东北、华东、华中、华南、西南和西北区域马铃薯开发，培育消费群体，拓展消费市场，并根据区域消费习惯开发具有区域特色的马铃薯产品，满足消费需求。

马铃薯生产扶持政策还需逐渐落地。曾衍德介绍，有关部门将完善马铃薯生产扶持政策，落实农业支持保护补贴、农机购置补贴等政策。鼓励各地对马铃薯加工企业实行用地、电、水、气等价格优惠。加大对马铃薯生产的投入，支持种薯生产、贮藏设施建设、标准化生产技术推广、市场与信息服务等环节。积极探索马铃薯产业信贷保障和保险机制，引导金融机构扩大对马铃薯主食产业的信贷支持力度，增加授信额度，实行优惠利率。

"但财政资金投入只是起引导作用。"戴小枫表示。马铃薯产业开发涉及科研、生产、加工、流通、消费等多个环节，是一项复杂的系统工程。坚持政府引导和市场调节相结合，充分发挥企业的带动和示范作用，开展主食开发技术模式攻关，改进和完善主粮化加工工艺，搞好主粮化消费引导，才能真正让马铃薯成为百姓餐桌上的主食。

鲁花：自然鲜开启净酿酱油"新时代"

□ 胡增民

作为中国食用油领军企业，鲁花集团自2012年起正式进军调味品行业。如今，鲁花自然鲜浓郁的酱香，不仅香满神州，酱香味道更漂洋过海，吸引了世界各地的客商。日本、美国、加拿大、新加坡、澳大利亚等各国的客商纷纷来洽谈合作，使鲁花自然鲜也成为外国消费者餐桌上的美味。

* * *

浓郁的酱香飘散在空气中，舒缓的音乐声回响在耳畔……2016年10月中旬，"新常态·新定位·新提升——第十一届中国网络媒体山东行"媒体采访团来到鲁花生物科技有限公司，漫步于厂区内，目睹了鲁花自然鲜酱香酱油的酿制过程，采访团成员无不被"听着音乐"的酱油所震撼。

作为中国食用油领军企业，鲁花集团自2012年起正式进军调味品行业，其背后是鲁花集团的担当和社会责任感。如今，鲁花自然鲜浓郁的酱香，不仅香满神州，酱香味道更漂洋过海，吸引了世界各地的客商。日本、美国、加拿大、新加坡、澳大利亚等各国的客商纷纷来洽谈合作，使鲁花自然鲜也成为外国消费者餐桌上的美味。

/ 培育独特菌种 /

酱油，起源于中国，以其独特的色、香、味成为中国人对人类饮食文化的伟大贡献。唐后酱油的生产技术由僧人传入日本，日本人如获至宝，成为日本上层社会的独享美味，并在近代融入工业技术，使其得到了大的发展。曾经有段时间，其品质超过了中国酱油。

2002年，鲁花集团董事长孙孟全到日本考察，发现日本人非常钟爱酱油，每餐必备，其酱油质量要高于国内酱油。

本着"产业报国，惠利民生"的企业宗旨，孙孟全先生想：酱油是中国老祖宗的发明，却在日本发扬光大，为什么我们中国人就不能做出更好的酱油呢？鲁花一定要承担起这个责任，做出更好的酱油来。

做酱油的关键是菌种的优劣。自2002年起，鲁花人便开始了菌种的研发培育工作，组织科研力量投巨资建立酱油菌种研究中心，与全球科研机构进行合作。历经上千次筛选、培育、再筛选、再培育……整整十年的时间，鲁花人凭借不屈不挠的精神，终于研发出独特的酱香菌种——鲁花酱香菌。

为让菌种得到更好的繁育和生长，鲁花更是独具匠心地让菌种在音乐中成长，以期让这些小小的微生物激发全部的活力，更好地生香、凝香。

鲁花酱香菌的独特方法酿造出来的酱油，酱香浓郁。这种酱香的味道，会将食材本身的味道烘托彰显到极致，让人们享受到自然的美味。而这种酱香味，正是中国古法酿造酱油的本来味道。鲁花酱香菌的成功研发，使酱油回归传统，又开启了酱油的"酱香新时代"。2012年，鲁花集团投资创建了鲁花生物科技有限公司，开始生产高端自然鲜酱香酱油。

/6个月净酿舱发酵/

发酵,是酱油制作过程中又一极其重要的过程。中国北方传统的加热发酵和南方太阳晒制工艺属于开放式高温快速发酵工艺。鲁花经过科学研发反复论证,决定采用纯净发酵技术,投巨资建立全自动低温控制系统,构建一种恒温密闭纯净发酵环境,使各种杂菌在发酵过程中对酱油带来的干扰和影响降至最低,让鲁花酱香菌生香、凝香更彻底、完美。

在高大洁净的净酿舱里,曲料需历经6个月缓慢持久的发酵。整个过程再伴以悠扬的音乐,使原料在菌种的作用下一点一点地转化成鲜美的汁液,慢慢地酝酿出浓郁的酱香。用这种技术酿制出来的酱油,品质稳定,口感细腻、柔和、纯正,无异味,酱香十足,不需添加任何防腐剂,酱色自然澄清。取少许倒入碗底,色泽金黄红亮,酱香扑鼻,这种极其明显的优势是普通酱油所不具备的。

/纯物理压榨取油/

为了避免水淋法取油方式产生的弊端,鲁花荣获国家科技进步奖的"5S纯物理压榨技术"被毫无保留地运用到了鲁花自然鲜酱油的生产中。

酱醪在经历了长达6个月的发酵,达到成熟状态后,采用纯物理压榨技术,将酱醪中的汁液历经72小时缓缓地压榨出来,在密闭的管道中进入瞬时灭菌环境,避免杂菌的污染。这种独特的压榨取油技术,使发酵原浆不加水,原汁原味,保证了自然鲜酱香酱油的高浓度,氨基酸态氮含量达到1.2以上,营养价值高,全面保留了自然鲜的酱香味。

鲁花的特有菌种、独创净酿舱和纯物理压榨技术形成了自然鲜酱香酱油的核心技术,通过这一技术生产出的鲁花自然鲜酱香酱油每百毫升鲜香物质的含量达到了1.2克以上,高出国家特级酱油每百毫升0.8克的标准。经业内专家组织对国内外各大酱油品牌进行盲评,鲁花自然鲜酱香酱油的口味和滋味等指标均超过了世界酱油的领先水平,以入口绵柔、无异味、浓郁酱香赢得专家的交口称赞。产品一经上市,就深受消费者的喜爱和追捧，在国内各大卖场成为消费者的首选。

某日资连锁卖场的日方采购经理在品尝了鲁花酱油后，浓郁的自然酱香味使他大为称奇，立即组织日本最知名的酱油品牌进行对比盲测，结果鲁花自然鲜酱油以绝对优势胜出。此采购经理仍然表示怀疑，认为国内不可能做出这么好的酱油来，为了解除心中的疑问，他带队到鲁花自然鲜酱油工厂进行了现场参观。

当鲁花的技术人员带领他们参观完一道道酿制工序，并进行现场品尝后，他们彻底折服了，给予鲁花自然鲜酱油最高的评价："这是我见过的最好的酱油工厂，最好的酱油。"以"提高人类生命质量，发扬中华美食文化"为使命，鲁花在工艺上严格要求，质量上严密把控，上市以来，市场份额不断攀升，备受消费者喜爱。

2014年底，鲁花自然鲜酱香酱油以其优异的产品质量、独特的酱香，斩获2014"中国（国际）调味品及食品配料博览会金奖""中国调味品产业厨师热衷品牌""最具零售终端渠道影响力品牌""消费者放心品牌"四项大奖。

凭借先进的技术和市场带来的信心，2015年，鲁花生物科技公司又进行了二期工程扩建并于同年11月9日正式投产，工程达产后自然鲜酱油的产能将达到20万吨，将为更多消费者带去餐桌上的美味。

面包与大米的"邂逅"

□ 王盟

大米凝胶为大米创造了一种新用途，这种凝胶还能被用来制作面包、面条等面制品，可谓将大米和面粉在某些功能上间接画上了等号。大米凝胶对于传统大米的口感和蒸煮品质都会产生很重要的影响，一旦这种产品量产化，对于小麦、大米等淀粉为主的主粮来说，都无疑是一次冲击。

* * *

2015年，日本研发出一种新型食品素材——大米凝胶。将煮熟的大米投入特殊装置高速搅拌即可形成大米凝胶。

这种素材特点是能够自由控制硬度和口感，可以用来制作面包、面条、蛋奶酥甚至奶油等各种食品。

据了解，这种大米凝胶诞生于日本国立研究开发法人机构"农业与食品产业技术综合研究机构食品综合研究所"。该所高级研究员杉山纯一对其寄予厚望，称"如此灵活多变的食材过去从未有过，它还可以成为大米的新用法"。

/ 大米凝胶 /

众所周知，大米的副产物种类较少，目前市场上流行较多的也只有米粉、米线、方便米粉、米饼等传统米制品。一些大米精深加工企业利用碎米生产淀粉糖，利用米糠生产米糠油，但这些产品的市场规模较小，市场容量还在缓慢成长中。

此次日本研究者发明的大米凝胶在业界并不是一个陌生的概念。

早在2011年，河南工业大学粮油食品学院周显青教授就撰文指出，大米粉在高水分和一定的温度作用下，淀粉颗粒会吸水碰撞，晶体熔解，发生糊化，糊化后线性的直链淀粉分子从膨润的淀粉粒中逸出，在降温冷却过程中以双螺旋形势互相缠绕形成连续的三维网络凝胶结构，成为具有一定黏弹性和强度的凝胶。大米的味道等品质和凝胶特性密切相关，凝胶的黏弹性、强度等特性对凝胶体的加工、成型性能以及淀粉质食品的口感、稳定性、速食性都有较大的影响。

听上去似乎过于理论化，但大米凝胶对于传统大米的口感和蒸煮品质都会产生很重要的影响，一旦这种产品量产化，对于小麦、大米等淀粉为主的主粮来说，都无疑是一次冲击。

"一般而言，一款品质良好的大米主要是基于优越的种植环境、较长的生长期，以及不断改良的品种，例如黑龙江的五常大米，广西、湖南、江西等地的一些知名大米，这些大米口感较好，香味也较浓。"业内人士指出。

与此形成鲜明对比的则是一些劣质的进口大米和低端大米，这些大米外观上与优质大米没有太大区别，但是口感较硬，水分多，没有嚼劲，在蒸煮的过程中也没有传统大米所具有的那种香气。

为了保证大米的口感和品质，目前流行的做法是进行配米，或者说是对大米进行"勾兑"。江西鹰潭市一家大米企业负责人刘老板介绍，除了传统的低端大米之外，大部分优质大米也只是具有一个或两个优点，比如一些大米香气比较足，但是口感比较软；一些大米口感较好，但是香气不足；一些大米水分较多，黏性较大，但是营养价值丰富。他们根据比例将这些大米进行配比，使得一款产品具备大米的多种优质品质，满足消费者的需求。"当然也有根据品种专门分装的大米，除了要满足大宗市场，还要根据消费者需求，不断对市场进行细分，比如很多老年人就喜欢吃黏性大一点的米，硬的他们咬起来费力。"上述人士表示。

大米凝胶可谓为大米创造了一种新用途，人们可以通过对水分和温度的掌握调整淀粉制品的硬度和口感。更为重要的是，这种凝胶还能被用来制作面包、面条等面制品，可谓将大米和面粉在某些功能上间接画上了等号。

/ 市场前景 /

鉴于这是一种新的产品，市场前景还只是一个未知数，尤其是将煮熟的大米投入特殊装置进行高速旋转的生产方式较为复杂，因此，能否引起企业的生产热情依然还是未知数。

据了解，国内有多所院校开展了对于大米凝胶产品的研究，大部分论文只是局限于凝胶对于大米品质的影响，关于凝胶是否能够成为大米的一种新的衍生品的说法很少。

"大米凝胶我倒是听说过，但是用这种东西去生产制成品，如面包、面条等倒是一个新工艺。"广西桂林生产米粉的彭老板如是表示。

无疑，这是大米一款新的衍生产品。日本研究机构证明，用大米凝胶做出的面包相比大米粉做出的面包，放置长时间也不容易变硬，且成本相对低廉。与此同时，大米凝胶作为一种业已存在但是发展时间尚短的新型产品，未来的市场容量、市场空间都还具有很大的未知性，企业对此心存疑惑也在情理之中。

近些年来，碍于大米毛利率低的缺点，为了提高大米产业的利润率，对于大米销售模式的创新方法和大米精深加工产业链的研究很多。目前流行的"互联网+"思维模式也成为大米产业提高销量的工具，多家院校和科研院所加入了对于稻米副产物的研究，试图挖掘大米产业的更深潜力。

如今的大米凝胶作为大米产业一种新的食材，对于很多消费者和企业来说，或许还只是一个陌生的名词，以这种食材产生的衍生产品行业还是一个新的产业，这个产业的前景如何，需要先行者的摸索。

米粉产业:"做大"靠帮扶"做强"靠品牌

□ 王盟

米粉产业已成为南方大米深加工的重要选择之一,目前很多大型大米加工企业都有自己的米粉产品。然而,相比大米,米粉在全国范围内的知名品牌也不多,地域性很强,要想在全国推广其产品,就需要形成强有力的米粉品牌,支撑米粉产业发展壮大。

***

2015年3月15日,广西食品安全协会米粉专业委员会成立。作为全国知名的"米粉之乡",米粉产业已经成为广西重要的大米深加工产业。

按照章程介绍,米粉专业委员会的成立将发挥其在米粉生产经营环节上应有的作用,能够在米粉行业组织管理、服务米粉食品行业、协调米粉食品行业的行为、促进米粉食品企业自律、监督米粉食品行业行为规范等方面发挥作用。

除了广西壮族自治区之外,米粉也是江西、湖南、湖北等南方多省的早点,米粉产业已经成为这些地区大米深加工的重要选择之一。

/政府的引导/

一直以来,米粉产业都是大米产业中的重要一级。不过相比早已成熟的大米加工业,米粉行业一直处于一种比较尴尬的地位,一方面是行业标准不一,对于米粉的口感、营养、质量没有一个统一的标准进行衡量;一方面是米粉加工企业质量参差不齐,尤其是小作坊很多,给市场上流通的米粉带来了潜在的风险。

米粉产业已经开始得到多地政府的重视,尤其是全国知名的常德米粉、桂林米粉等。早在2014年10月湖南省常德市举办米粉大赛时就有人提出成立米粉行业协会,设立培训基地,将常德米粉真正打造成为享誉湖南乃至全国的知名小吃。

常德市粮食局相关人士介绍,津市牛肉粉是当地一个重要的产业,早在10年前就成立了米粉行业协会,目标是5年内在全国各地打造1000个旗舰店。资料显示,2013年9月,津市牛肉粉已获得国家地理证明商标;2014年5月,已向国家工商总局申报注册集体商标,津市政府部门欲将其打造成品牌化、连锁化、标准化经营产品。

与常德米粉一致,桂林米粉的发展也得到当地政府的支持。2014年底,桂林市政府相关部门召开米粉发展座谈会。桂林市商务局局长李志刚表示,桂林市成功申报获得桂林米粉地理标志证明商标,编制了《桂林米粉地方标准》《桂林米粉店建设与服务规范》《桂林米粉店等级评定规范》并组织实施。"下一步我们还将从电商、协会、米粉集团化经营、米粉连锁经营等多个角度推动桂林米粉产业发展壮大。"李志刚说。

如今食品安全问题频发,米粉这种南方居民日常的美食也卷入质量安全问题的漩涡。2014年东莞的"臭脚米粉"事件在行业内引起轩然大波。米粉的质量安全成为多地政府不得不重视的问题,广西米粉专业委员会的成立也是顺势而为。

毋庸置疑,无论是湖南的常德米粉,抑或是桂林米粉,当地政府多项关于米粉产业规范的出台无疑改善了米粉产业发展的环境,为米粉产业的发展指明了方向。与此同时,作为一种与南方居民生活息息相关的小吃,保证米粉质量安全不仅是政府的责任，也和加工企业分不开。如今米粉市场乱象并存，仅仅依靠政府的引导和规范往往不够，米粉加工企业的作用更为明显。

/ 与黑作坊的博弈 /

早在2011年，有媒体曾报道湖南长沙市米粉行业的乱象。当时长沙市米粉供销协会秘书长彭遥义介绍，2011年长沙具备一定生产规模（日产量在万斤以上）的米粉生产厂家有20家，具备职能部门颁发的QS证书（食品生产许可）的却只有8家，正规生产厂家生产的米粉大约只占40%，一些小作坊生产的低档产品，价格低廉，严重冲击了米粉市场，影响米粉产业的健康发展。

小作坊生产米粉已是不争的事实，常德米粉、桂林米粉都出现过这样的情形。"规模米粉企业数量不多，且品牌众多，米粉生产标准不一，市场监管存在缺失，给了黑作坊生存的空间。"不愿透露姓名的米粉企业老板说。

几家在长沙街头售卖米粉的老板表示，他们的米粉一般都有统一的供货渠道，有品牌、质量有保证的米粉产品价格往往较高，但口感和品质与那些作坊生产的米粉没有太大差别，做好之后消费者一般也吃不出来，这也给黑作坊销售米粉提供了可乘之机。

目前很多大型大米加工企业都有自己的米粉产品。据了解，湖南省粮食集团、江西春丝食品有限公司、湖南克明面业股份有限公司都在生产自己主业的同时涉及了米粉产品。米粉产品在企业的销售收入中所占比例并不大，对于他们而言，米粉产品更多是一种产品线的延伸，并没有作为主打产品。

相比大米，米粉在全国范围内的知名品牌也不多，地域性很强，即使常德米粉、桂林米粉等全国知名的米粉产品，也只是地方小吃的代名词，要想在全国推广，依然需要形成强有力的米粉品牌，支撑米粉产业发展壮大。

部分地区已经开始进行这方面的探索。广西鑫粮粮食集团生产的糙米米粉已经成为柳州、南宁等地米粉市场上的主打产品之一，在为消费者提供新的米粉产品的同时，也提供了更多的营养。广西鑫粮粮食集团副总经理罗耀表示，糙米米粉南宁生产线每天可生产25万斤，约占南宁米粉市场产量的15.6%。

2015年"两会"期间，广西代表团多名代表联名推广糙米米粉产品。"推进糙米米粉主食产业化，可减少稻谷加工造成的粮食损耗和浪费，提高粮食的利用率。"全国人大代表、南宁市市长周红波说，"现在南宁正在大力推广糙米米粉。"

无疑，米粉专业委员会的成立从政府层面表明了态度，但米粉产业要想真正发展壮大，依然需要更多规模化的企业的诞生和更多全国品牌的出现，这些品牌要有全局意识，要把质量放在发展的第一位，要善于抓住发展趋势。

烘焙业加速转型 专用粉却遇"肠梗阻"

□ 付嘉鹏

随着经济的快速增长，我国的烘焙业也在经历着突飞猛进的发展。烘焙产业的转型，不仅影响着烘焙设备厂家，也迫使国内面粉加工企业积极应对。国内消费者的消费水平正在大大提升，消费者已经从注重烘焙产品价格，转到更注重产品的口味和健康方面上来。

***

张龙北（化名），是一家烘焙设备企业的华中大区经理。由于每天都在和业内的客户打交道，他对这个行业有着很深刻的认识。

"这不是我服务的第一家公司，是第二家。"张龙北介绍说。几年前，刚刚毕业的他，应聘到上海一家烘焙设备制造企业，成为该企业的销售经理。

这家企业为国内较早涉足烘焙设备生产的企业之一，因此，伴随着国内烘焙行业的发展，企业的市场份额迅速扩大。

"随着中国经济的快速增长，我国的烘焙业也在经历着突飞猛进的发展,并逐渐与国际接轨。"张龙北说。他所服务的企业在快速扩张,而他本人并未获得太多利益,于是跳槽到一家规模稍小的企业,分管一方。

/ 三足鼎立 /

国内的烘焙食品于20世纪80年代从香港、台湾地区引入大陆,随着我国经济环境的改变,烘焙行业从20世纪末开始呈现出快速发展的趋势。

根据自己的经验,张龙北觉得我国的烘焙业可以分为三类:工业生产、连锁饼房、家庭烘焙。

"工业生产,如福建达利园食品、盼盼食品、徐福记食品、沈阳桃李食品、河南米多奇食品等,主要生产法式软面包、魔堡蛋糕、肉松饼等保质期在7天至6个月的产品。这类企业多没有实体店面,主要靠工厂生产,然后配送至全国各地商超。"张龙北回忆说。在2006~2013年,上述工厂发展速度极快,规模扩张较为迅速,先后在全国各地成立了分厂。同时,许多中小型投资者跟风模仿,也建立了许多中小型企业,并生产类似产品。

2005年之前,国内诸如好利来、好嘉利、三色鸽、西萨等国内连锁饼房,均是中央工厂生产、包装后配送至各店面销售的模式,并取得了巨大成功。

"最后就是家庭烘焙。这种个体类的DIY(自己动手做)烘焙,是最近几年才开始流行的。"张龙北说。

/ 巨变发生 /

不过,随着消费格局的改变,上述三类业界主流形式正在发生巨变。

张龙北介绍说:"比如工业化生产,从2013年开始,这类烘焙工厂增长变慢,并开始减产,大量的中小型工厂开始倒闭。"

张龙北分析认为,其主要原因是这类烘焙产品的品种比较单一,国内民众的消费水平提高了,对烘焙产品的认识也有所提高,保质期1个月以上的烘焙产品,多数会有添加剂,口感也不如现烤的烘焙产品。

"2013年开始,我国市场上出现肉松饼、牛角面包、蒸蛋糕、猴菇饼干等新品,但也仅几家大型工厂推广成功,许多中小型企业只是跟风模仿,走低价位竞争策略,并主要面向郊县市场,勉强生存。"张龙北说,"从全世界范围来看,此类烘焙工厂仅仅存在于中国,并不符合潮流。"

2014年初,福建厦门超雅蛋糕店掀起关店潮;同年底,郑州红火十几年的好嘉利蛋糕店也开始大面积关店。

与此同时,伴随着台湾85度C,韩国的多乐之日、巴黎贝甜,新加坡的面包新语等连锁饼房的进驻,国内民众开始接触到不同特色的烘焙产品。

这些国际连锁饼房在上海、北京、广州等大城市的成功,也使得国内饼房开始转而向其学习。

在张龙北看来,其实,这些改变已经让国内的连锁饼房注意到,国内消费者的消费水平正在大大提升,消费者已经从注重烘焙产品价格,转到更注重产品的口味和健康方面上来。

以郑州为例,受此启发,郑州香雪儿在改变老店的经营模式的同时,新创高端品牌店,取名锦鲤坊,单店的营业额单日突破5万元。

"此前的配送店,单店单日营业额达到5000元就已经很了不起了;卡吉诺、福晶圆等品牌也迅速跟上。然而,转型较慢的郑州烘焙老品牌——好嘉利、三色鸽、西萨等,正面临着倒闭的危险。"张龙北说。

/ 家庭烘焙兴起 /

小胡家住山东济南,她平时最大的兴趣爱好就是做吃的。

"我从小喜欢吃甜食,像蛋糕、面包之类的。如今,很多品牌推出了家庭烘焙设备,我就买了许多种类的,可以在家里做,一来丰富自己的业余生活,二来可以学习很多知识,并换换家人的口味儿。"小胡说。

"家庭烘焙的兴起,也是跟随了国际的发展潮流。"张龙北表示,"国外大部分家庭的厨房,都自带烘焙设备,可以在家里制作面包、西点等烘焙产品,他们认为这样做产品更卫生、更健康。"

近几年,我国的家庭烘焙开始发展起来,爱好烘焙的人们开始在网上交流,并把自己做的烘焙食品给家人和朋友品尝。

"那时候家庭用户想在家里烘焙的难度比较大,因为各种烘焙设备都是大型设备，各种烘焙原料都是大包装的，对于几口之家来说，根本就用不了！"张龙北说。

不过，许多厂家立即发现这一趋势。这些厂家也开始在市场上推出家庭烘焙设备，诸如小烤箱、小打蛋器之类的产品开始面世。

/ 专用化遇"肠梗阻" /

烘焙产业的转型，不仅影响着烘焙设备厂家，也迫使国内面粉加工企业积极应对。

河南新良集团以中高档食品专用面粉为企业的主打产品，该公司的一位工作人员介绍说家庭烘焙确实已经成为趋势。

受此趋势影响，该集团已经研发出门类齐全的专用粉产品，其中，以面包专用粉、糕点专用粉、蒸煮专用粉、工业专用粉等为主打。

"我们的25公斤装的产品主要面向饼房、烘焙类的工厂；1～5斤的小包装产品则主要面向终端的家庭客户。"上述工作人员介绍说，"从近几年的发展趋势来看，企业的小包装产品正在爆炸式增长。"

然而，与企业生产专用粉带动优质麦需求增加相矛盾的是，河南省优质专用小麦的生产并未增加。

据专业人士介绍，2014年，河南省个别强筋麦种植地区，种植面积未出现上升，反而下降。

此现象的不合理存在，将成为制约国内专用粉行业发展的最主要因素。

拒绝"胖馒头" 无铝泡打粉产业待兴

□ 闫巍

包子、馒头、油条等是深受百姓喜爱的早餐食品，为了让它们显得更为蓬松，更具卖相，生产商家往往要添加面食疏松剂。虽然国家已禁止使用含铝添加剂，但不少馒头生产商仍在使用泡打粉，为的是卖相好。业内人士认为，杜绝"胖馒头"的最好办法是加快发展无铝泡打粉产业。

***

泡打粉（又称为发泡粉或发酵粉）是一种复合膨松剂，主要用作面制食品的快速疏松，是日常面食中最常用的食品添加剂，其中的脱水明矾或者钾明矾即为含铝成分。虽然自2014年7月1日起，国家已经明确禁止使用含铝添加剂，但少数早餐店仍在使用泡打粉制作馒头。

/ 为了卖相 /

据媒体报道,福建省福州市、浙江省丽水市都出现了"泡打粉"馒头,不少馒头、包子铺店主表示,用传统工艺生产的馒头没有泡打粉发酵的卖相好,为了吸引顾客、增加销量,不得已使用泡打粉。

"以前,大家总是用泡打粉,可以使面制品在发酵过程中快速醒发,让馒头、面包等卖相更足。但是在2014年7月国家禁止使用含铝添加剂之后,馒头生产企业已经不再使用泡打粉了,更多使用酵母发酵。"河南兴泰科技实业有限公司董事长刘晓真介绍说。

2015年1月中旬,位于河南省郑州市管城区的几家沿街馒头铺,部分店主明确表示,现在已经不使用泡打粉发面了,也有些店主表示,店内馒头是采用传统的老面或酵母粉工艺发面的。

其实,在国家发布的《关于调整含铝食品添加剂使用规定的公告》中,膨化食品、馒头、发糕等面制品(油炸面制品、面糊、裹粉、煎炸粉除外)生产中不得使用任何含铝食品添加剂,因为铝是人体非必需的微量元素,也是地壳中最多的金属元素。大多数天然食品中的铝含量并不高,人们吃进去的铝主要来自含铝食品添加剂。

在已经宣判的丽水市"铝馒头"案例中,生产商曹某为了使馒头口感松软,在和面过程中添加主要成分为硫酸铝铵的"香甜泡打粉"。为了达到最佳效果,曹某逐步将比例提高至17.5千克面添加200克泡打粉。由于曹某生产的馒头都是白嫩松软的"胖馒头",不久就站稳了"包子王"地位,日产包子1000个、馒头150个。

在2014年下半年的一次检查中,当地食药局对曹某生产制作的馒头进行抽样检测。经检测,其馒头中铝含量为525.3毫克/千克,而即便是在"禁铝令"出台之前,铝残留的标准也必须≤100毫克/千克。为此,丽水市景宁法院以生产、销售不符合安全标准的食品罪判处曹某有期徒刑10个月,缓刑2年,并处罚金8万元,禁止其在2年内从事食品生产经营活动。

/ 超标危害大 /

根据《食品添加剂使用标准》(GB2760-2011),以前允许使用的含铝食品添加剂共有13种,其中9种是作为脂溶性食用色素的铝色淀,另外4种为硫酸铝钾、硫酸铝铵、硅铝酸钠、辛烯基琥珀酸铝淀粉。其中硫酸铝钾、硫酸铝铵即俗称的明矾,复合型膨松剂泡打粉的主要成分就是这两种物质。泡打粉在馒头、油条及各种膨化食品中应用广泛,起着快速发泡和起酥的作用。

根据联合国粮农组织和世界卫生组织的食品添加剂联合专家委员会提出来的健康指导值,每人每周铝元素的安全摄入量为每千克体重2毫克。2015年国家食品安全风险评估的预算法评估结果显示,我国居民因消费添加含铝添加剂的食品而摄入的铝已超标,每周的摄入量为每千克体重8.75毫克,远超过"2"这个数值。

目前,我国也有研究发现铝与老年痴呆症有关,但这一点还未形成学术界的共识。学术界较一致的看法是,铝主要会影响骨骼和神经系统健康。

中国工程院院士、食品安全专家陈君石表示,不是说铝摄入超标就会发生中毒,而是发生有害作用的可能性增加了,所以一般不建议超标,真正的危害要看超过多少、超过多长时间。风险评估的目的就是做出评估结论,并提出相应的建议。

/ "无铝"乃正道 /

"其实,国家只是禁止含铝的添加剂,并没有禁止泡打粉。现在有不少厂家正在积极研发不含铝的泡打粉。"面粉加工行业人士介绍说。

不少包子、馒头使用泡打粉,是因为泡打粉中的明矾遇水产生气体,这些气体填充到馒头、包子中,使得它们发酵松软。

其实使用酵母发酵也产生气体,只不过酵母是通过生物发酵产气,而泡打粉是遇水发生反应产气。另外,使用泡打粉能迅速产气,而用酵母容易产气量不足,导致馒头、面包发硬。

所以对于大多数商家来讲，他们更喜欢快速产气发酵的泡打粉。

"两种产品的发酵原理都是产气，对于馒头和面包来讲，只要能找到发酵效果和含铝泡打粉一样快速产生气体的添加剂，就能使馒头和面包在发酵过程中产生和泡打粉一样的效果。"该人士介绍说。

2014年12月，广东省佛山市南海区4批无铝泡打粉顺利出口英国、法国、意大利和西班牙等国，这是南海区此类产品首次出口欧洲。

近年来，南海区泡打粉出口占据广东省此产品出口量的95%以上，但产品主要是含铝泡打粉，市场集中在非洲、中东、东南亚等国家和地区，产品价格较低，企业利润空间有限。作为泡打粉中的高端产品，无铝泡打粉品质好、单价高、市场前景广阔。

此外，安琪酵母专门开发了不含明矾成分的无铝双效泡打粉，可用于制作蛋糕、发糕、麻花、麻园、沙琪玛、包子、饼干等食品。该产品具有双重产气功能，即在遇水、高温制作两个环节中都会产气，能达到让馒头、面包"瞬间蓬松"的效果。

郑州海韦力食品添加剂公司也研发了无铝双效泡打粉，以替代传统的含铝泡打粉，用于馒头、包子的加工，而且不会造成食品中铝含量超标。

中国粮油书系第二卷之
农经观察

区域品牌篇

Quyupinpaipian

吉林大米：品牌建设撬动产业

□ 赵瑞华

2015年7月16日，习近平总书记调研吉林，首站来到了延边自治州光东村的稻田中，明确提出"粮食也要打造品牌"。一年之后，在吉林省东、中、西部水稻产区，吉林大米品牌建设成效初显，为国内其他区域粮油产品品牌打造提供了样本经验。吉林大米品牌叫响了，收益最大的自然是企业和稻农。

***

2016年7月7日，以出产"稻花香"品种而知名的东北优质大米产地——五常市，一行17人在五常市委书记带领下，来到吉林大米西部代表产区——松原市，问道吉林大米品牌建设。

2013年底，吉林省委、省政府提出以打造品牌为核心的"健康米"工程。2015年，习近平总书记调研吉林时提出"粮食也要打造品牌"。

一年的时间，吉林大米进北京、入上海、下杭州、抵福建，品牌推广和渠道建设在京津冀、长三角、珠三角等主要粮食销区遍地开花，既赢得了销区市场和其他品牌大米产区的尊重,更为落实总书记"粮食也要打造品牌"的指示添上了浓墨重彩的一笔。

/"五个一工程"统领,"小而精"模式树品牌/

习近平总书记对吉林农业的嘱托,总结下来就是"念好山海经、唱好林草系、打好豆米牌"。落实到粮食部门则是豆米牌怎么出、怎么打,为此,吉林省粮食局2015年制定了到2020年的大米品牌建设五年规划,核心是打造吉林大米的"五个一工程"。

打造一个公共品牌——吉林大米;打造一个产业联盟,省内大联盟带动区域小联盟;构建一个网络平台——吉林大米网;建立一个完整的质量标准体系,提供标准质量保障;建设一个销售渠道——直营店加超市专柜销售模式。

"代表吉林省东、中、西部稻米不同特点的企业,共举'吉林大米'一面大旗,共组一个联盟。全省成立大联盟,各地区成立区域品牌下的小联盟,共同抱团出击。目前吉林大米每年的外销量在40亿斤左右,对于全国市场来说这个量不算很大,完全有理由做成一个统一的品牌。"原吉林省粮食局局长韩福春说。

目前吉林大米产业联盟已经由原来的7家发起单位,扩展到省内27家主打中高端、绿色、有机大米的企业。东、中、西部的核心企业则又组建了各自区域的小联盟,其中引来五常市委书记一行参观学习的查干湖大米产业联盟,由主打西部弱碱米概念的松原粮食集团组建,下有22家成员企业。

"销售渠道建设是'五个一工程'的重中之重。过去吉林的大米发到南方市场,经销商会掺兑些其他的大米拿出去销售,消费者的负面反馈都会加到吉林大米身上。因而我们引导、扶持联盟企业构建直营的销售渠道,既能够保证产品质量、对消费者负责,也减少了中间环节,省却的费用可以用在品牌建设上;同时还能保证我们的产品绝不掺假,宁可断档,也不掺杂陈米。"谈到吉林大米品牌建设工程中的渠道建设,韩福春表示。

2015年,习近平总书记在延边调研召开的座谈会上,从日本留学归来创业的朝鲜族小伙子金君向总书记汇报了自己的创业历程。一年之后，金君和叔叔金淳哲共同创办的有机大米合作社叫响了自己的大米品牌——"吗西达"。

据介绍，淳哲有机大米合作社每年的大米销量在1000～2000吨，平均售价在12元／斤以上，最高售价达到20元／斤。柳河柳俐粮食有限公司的"大米姐"品牌，其富硒米市场售价也卖到20元／斤。

"大米品牌建设实施之初，我们曾想在省内搞几个大的加工企业来推动品牌建设。而随着工作的推进，淳哲有机大米种植合作社、'大米姐'这种小而精的发展模式改变了我们的观念。不做大而全、专注做小而精反而更适合吉林大米的高端米定位。"韩福春介绍说。

/高端米量价齐"飞"　企、农双增/

对于吉林大米产业联盟成员——宇丰米业来说，2016年是大兴土木的一年。新厂区、新办公楼、科研楼、智能温室、稻梦天地休闲旅游度假区都在热火朝天地建设中。

为什么2016年是翻天覆地的一年？宇丰米业副总经理杨靖说："做企业讲究一个趁势而起。吉林大米品牌建设、长吉产业先导区的政策扶持对于宇丰米业来说都是期盼已久的'东风'，因此我们要借这个'东风'，趁这个势头，实现企业的跨越式发展，带动产业发展和农民增收。"

考察、参观、合作、洽谈，说起这种客户自动上门来谈合作的日子，松原粮食集团副总经理苗凤祥嗓门儿异常高。

"查干湖大米是吉林西部地区弱碱米的代表，弱碱特质对人体也更健康。自2015年一年来，松粮集团在品牌建设、市场开拓、对外合作方面可以说收获满满。"苗凤祥表示。

谈到习近平总书记提出"粮食也要打造品牌"给吉林大米品牌建设带来的变化，原吉林省粮食局局长韩福春也感慨良多。

"最实在的变化，是吉林大米，尤其是中高端大米一年来的销售呈现量价齐增的态势。我们企业有了盈利，进而自发向水稻加工产业的上下游延伸，向上大规模地搞土地流转、种子研发，向下提升副产品的附加值。"

韩福春说。

对于吉林大米品牌建设来说，最可喜的变化是稻米产业从业人员思维模式、思想观念的变化。各级政府、粮食部门更重视大米品牌建设，大米加工企业负责人的经营思维和意识整体上了一个台阶。

"只要思想观念变了，办法就有了。现在政府、企业想的不再是困难，而是寻找应对的办法。"谈及这种变化，韩福春强调。

吉林大米品牌叫响了，收益最大的自然是企业和稻农。

苗凤祥表示，习近平总书记说吉林大米是品牌，对大米企业来说是一个天大的福音，让我们出去推介也更有底气，打造品牌更有信心。松粮集团的营业收入从上一年度的1.3亿元跃升到3.94亿元，相比之前翻了3倍多。

"我们现在还成立了松农高科，联合国内多家科研院所，进军种子研发，着力打造中国北方粳稻种子硅谷。未来一到两年，松粮集团要为自己审核3~6个独有品种，在香米领域形成自己的主打品种，进一步提升查干湖大米的品牌溢价能力。"苗凤祥说。

加工企业效益增加了，农户的水稻也就能卖上高价儿。数据显示，2015、2016粮食年度，吉林省通过市场化渠道收购的100亿斤水稻，普遍比国家收购价高0.15元/斤左右。

与此同时，在2016年玉米种植收益下降的情况下，吉林水田流转价格不减反增，增幅在1000~2000元/垧，这也在一定程度上增加了农民收入。

/ 品牌撬动，米企支撑一二三产业融合发展 /

日推窗棂闻稻香，夜卧锦榻听蛙鸣。坐落在千顷稻田之间的东福米业有限公司和大荒地村已经完全合二为一，而东福米业也是吉林大米产业联盟中开展品牌建设的"排头兵"。

连片的水稻田抛却了以往不规则的条条块块儿，统一作业，从耕种延伸到加工成米。昔日的村民搬上了楼，农民成了产业工人，置换出来的耕地又被用来开展水稻种植和温泉度假旅游业，一二三产业在这里达到了完美的融合。

2016年，东福米业有限公司的土地流转面积达到了3500公顷，拓展到大荒地村周边三四个村子。周边村民的稻田流转费用达到1.3万元／公顷，同时加上国家2500元／公顷的直补费用，纯收益可以达到1.55万元／公顷。同时，还实现了离地农户的就近就业，人均每年的工资收入也超过3万元。

目前大荒地村80%的年轻人都可以在本村就业，从事种植、加工和旅游业。

"高端大米加工业是我们的支撑产业，而品牌建设则是推动一二三产业融合、现代农业发展的拉动力。品牌做得越好，市场就能拓展得更大，销路宽了，反过来又促进土地流转规模的扩大，企业更上一个层次，三产融合、农民增收和离地不离业就不再是个问题。"东福米业有限公司总经理刘延峰说。

数据显示，吉林全省约有900多个大米品牌。吉林大米品牌建设的目的在于整合资源，用区域品牌整合企业品牌，再用吉林大米这块儿大牌子整合区域品牌，通过集中宣传推介吉林大米，形成品牌拉动力，用品牌收益撬动水稻产业的发展。

相同的故事也在宇丰米业写好了同样的开头。位于长吉产业创新发展示范区万昌先导区的宇丰米业，也乘着政策的"东风"，从单纯的大米加工业向种植和旅游产业双向延展。

"我们的企业对品牌建设重视到什么程度，从他们自己主动去搞种子研发可见一斑。品牌的保障是品质，好的品质源自规模化经营。规模化经营推动企业去不断扩大自由基地种植，基地种植则又推动了现代农业的机械化。应该说，习总书记提出的'粮食也要打造品牌'，吉林省委、省政府大力主导的大米品牌建设，已经触发了吉林水稻全产业链整体升级的引擎。"韩福春表示。

在宇丰米业稻梦天地产业园，连廊和栈桥已经勾勒在稻田间，待到9月水稻将熟时节，美丽的稻田画将展现水稻产业"最艺术"的一面，也点点滴滴描绘着吉林大米的未来。

样本解读一

松原：冰湖腾鱼　碱土生稻

有一种文化叫冰雪渔猎，隆冬时节，祭湖醒网，凿冰捕鱼，拉得一网连年有余。

有一片土地谓千年盐碱，引水压碱，春秧夏苗，秋收冬藏，收获万顷稻花飘香。

查干湖、盐碱地，吉林松原。

查干湖冬捕作为极具传统色彩的渔猎民俗，近几年随着《舌尖上的中国》的热播，已经为越来越多人知晓。

沉睡千年的盐碱地，如今也在慢慢变热，弱碱化后的沃土上，捧出了"查干湖圆粒香"。

作为吉林大米西部弱碱土区域的代表品牌，"查干湖圆粒香"米主打优质弱碱稻米概念，其米粒清凉透明，香气浓郁适中，生米时为圆粒，成米饭后为长粒，是吉林大米品种中唯一的圆粒香型粳稻。

/ 查干湖，鱼米争香 /

"早来了一周，如果下周过来，就能看到神秘、民俗味儿非常浓的查干湖冬捕。"一位土生土长的松原人不无遗憾地说。

查干湖，冬捕，一场传统民俗文化盛宴的声名大振，令渔猎文化、查干湖渐渐成为松原的标志性名片之一。到松原，查干湖成为绕不开的话题。

松原市位于吉林省中西部，地处松嫩平原腹地，松花江、嫩江于此交汇，松原闻名遐迩的查干湖则在其下辖前郭尔罗斯蒙古族自治县（以下简称"前郭县"）境内，为吉林省内最大的天然湖泊。

查干湖，原称查干泡、旱河，蒙古语中被称作"查干淖尔"，意为白色圣洁的湖，1983年吉林省地名普查时，正式更名为查干湖。

历史上，查干湖在宋、辽时期被称为"大水泊""大渔泊"。据《辽史·营卫志》记载："皇帝从正月上旬起牙帐，约六十日方至。卓帐冰上，凿冰取鱼。"

元代至清初，查干湖一带江流泡沼星罗棋布，银鱼穿梭，水草肥美，雁鸭栖集，沿岸林木葱郁，田野芳草葳蕤，成为辽、金、元几代帝王巡幸游乐的渔猎之地。

查干湖冬捕期为每年的12月中旬到次年1月中旬。这种古老的渔猎方式又被叫作"冰湖腾鱼"，系著名的吉林八景之一。查干湖冬捕前要举行神秘的祭湖醒网仪式，鱼把头祭湖、喝壮行酒，随后上冰，拉网捕鱼。

2015年岁末之际，查干湖冬捕尚未开网，而前郭县嫩江村种稻农户潘福田一年的收获则早已经变现，稳稳落袋。

"2015年，家里的7垧地全部种的订单优质水稻，10月份水稻收割后粮不落地直接进了松粮集团的加工厂，省了不少事儿，价格还比其他普通水稻高出0.1~0.2元/斤，每垧水稻能净收入1.4万元~1.5万元。"潘福田指着自己家空空如也的水稻仓房表示。

"有名湖，有好米，查干湖周边可谓鱼米之乡。随着'吉林大米'品牌建设的有序推进，未来我们希望'查干湖圆粒香'弱碱米能够和查干湖的鱼争香斗'宴'。"松原市粮食局相关负责人表示。

/ 昔日碱巴拉，今日抱金砖 /

2015年吉林大米品牌建设工作的深度发力，让以"查干湖圆粒香"为代表的松原弱碱大米在销售市场增势明显，有效带动了企业增效和农民增收。

数据显示，2015年松原市粮食作物总种植面积123万公顷，其中水稻11.9万公顷，水稻总产达到116万吨，相比2014年增加9万吨左右。

世界三大盐碱地之一的松嫩平原上，松原是盐碱地重点分布区，其地表凝结了高碱、盐、硝和更多的矿物质、微量元素等，也可以说是未受过人为破坏的原生态地。

松原市前郭县水稻一、二灌区的许多新增稻田均由盐碱地改造而来，尤其是在可以大量引松花江水、嫩江水压碱之后。

"经过改良的盐碱地在某种程度上也是大自然的杰作。原来的盐碱地由于碱性过高，导致粮食产量很低，我们通过引进松花江水不断浸泡、稀释，经过三年多的时间，用水来冲刷掉过多的碱分，以水压碱、以水制碱，将其逐步变成pH酸碱度在7.0～8.5之间的弱碱水田。"松粮集团总经理宝蒙权介绍说。

松粮集团试验田所在地的周边村屯，就是昔日的盐碱地，粮食产量低，农民收入差，甚至导致村子的小伙儿娶媳妇儿都难。

宝蒙权说："经过土壤改良，我们将其命名为'弱碱性苏打水稻土'，并从2014年开始推广弱碱性大米，引导农户种植优质水稻，周边村屯的水稻种植农户人均年收入达到1.2万元左右，老百姓都说'昔日碱巴拉，今日抱金砖'。"

据介绍，如今松原全市有弱碱性土壤稻田超过10万亩，大部分都是松粮集团搞的订单种植水稻。

原吉林省粮食局局长韩福春表示，弱碱土壤是吉林西部水稻耕作区的特质，在吉林大米整体品牌形象铸就的过程中，要突出打造以"查干湖圆粒香"为代表的碱性稻米品牌，为吉林西部水稻作业区农户增收创造新的增长空间。

/ 品牌溢价，大联盟带动小联盟 /

2015年是吉林大米品牌建设工程成效初显的一年，这种成效在吉林大米产业联盟7家代表企业之一的松粮集团身上体现得特别明显。

松粮集团是一家成立于2012年的年轻国有粮食企业，现有全资子公司5家、控股子公司5家。2015年上半年，松粮集团查干湖品牌大米销售额就达到1.8亿元。

"2015年新米上市之后，品牌建设最明显的成效就是订单经销商纷至沓来。"宝蒙权介绍说，"11月份的宁波推介会开完之后，当地一批经销商要加盟，目前我们正在遴选，广西南宁、青海西宁、四川成都、新疆、河南等地的经销商也纷纷登门。"

松粮集团副总经理苗凤祥最近忙得一塌糊涂,既要跟全国各地找上门来的经销商浅谈,又要接待应接不暇的考察团。

"南阳宏龙商贸有限公司总经理赵艳宏,来了我们这边儿什么也不谈,先到处看看,最后走的时候很痛快地定了40万元的查干湖大米;新疆的一个客户,为了拿到经销权,甚至主动提出在新疆自建10家专营查干湖大米的门店。"谈起最近的经销商加盟情况,苗凤祥表示。

除了是吉林大米产业联盟的7家成员企业之外,主打"查干湖圆粒香"品牌的松粮集团还创建了查干湖大米品牌小联盟,吸纳了当地14户加工企业加盟,以分散经营、统一管理的形式,共同打造代表吉林大米西部产区的查干湖子品牌。

"2015年松粮集团的毛利率相比前两年增加了10%,这就是吉林大米品牌给我们带来的增值,也是松粮集团在大环境形势严峻的情况下依然实现快速发展的关键所在。"宝蒙权说。

2017年,查干湖大米联盟企业达到22家,并同时成立松农高科有限公司,打造中国北方粳稻种子硅谷,专注粳稻优秀品种选育。

一个查干湖,湖内藏鱼,湖外有稻。曾经借鱼卖米的"查干湖圆粒香",如今则乘着吉林大米品牌建设的"东风",新米上市之后客商、订单就络绎不绝,早早为冬捕预热。

样本解读二

延边:一眼看三国,一米品天下

来到延边朝鲜族自治州,道路两旁朝汉双语标识的各种牌匾,时刻提醒着你这片土地的与众不同之处。

打糕、米肠,地道的朝鲜族美食,让你不得不叹服一个以米为食的民族对大米吃法的用心。

生态优美、资源优质、区位优越的延边，虽不以盛产水稻而出名，但悠久的东北粳稻种植历史和朝鲜族稻农近代传承下来的种植技术，让"喝着矿泉水、吃着中草药、生长于富氧空气间"的延边大米，成为"物以稀为贵"的一品名米。

/"卢城之稻"越千年/

三月初的延边，冬尚在，春未来。一场三月雪过后，白雪覆盖的稻田中，只剩下上季收割余下的稻茬，翘首等着新季春播的到来。

延边州粮食局局长助理沈文福说："延边的水稻种植历史，可以上溯到唐代，至今已有上千年的历史。三月是农户备耕的时候，到了六七月份，水稻、山林，延边是满眼绿意。"

据介绍，有关延边水稻种植最早的文字记载，出现在《新唐书·渤海传》。文曰："俗所贵者，曰大白山之菟……栅城之鼓，抚余之鹿……卢城之稻。"

相关考证资料显示，渤海国是唐王朝的藩属国，全盛时期其疆域以吉林为中心，北至黑龙江中下游东岸、鞑靼海峡沿岸，与库页岛相望，东至日本海，西到吉林与内蒙古交界的白城、大安附近，南至朝鲜的咸兴附近。

当时的农人在中京显德府卢州（即今吉林省安图县石门镇一带）成功地种植了人类历史上第一种亚寒带水稻——卢城之稻，并一时间闻名遐迩。

这也是历史上最初的东北粳稻，史传其米重如沙、亮如玉、汤如乳、溢馨香，被誉为米中极品，曾多次纳贡唐王朝，专供皇室享用。

此后，卢城之稻又被引种到日本与朝鲜半岛，成了日本和韩国优质大米的母本，对世界稻谷种植历史产生了深远影响。

随着渤海国的消失，惊鸿一瞥的卢城之稻之后，数百年的东北稻作史再也无迹可寻。直到清末，朝鲜族农人越过图们江在延边地区种植水稻，东北稻作史才得以重新延续。

资料显示，1906年，朝鲜族农民在和龙县勇智乡（今延边州龙井市智新镇）大教洞开掘1308米渠道，灌溉33公顷水稻田，并获较高产量。

伪满洲国傀儡皇帝溥仪曾在延吉县光昭村（今延边州龙井市开山屯镇光昭村）开辟"御粮田"，试验种稻，并开始在早春用油纸糊窗，在室内育苗，以便提早在大田插秧，延长水稻生长期，专为皇宫供米。

如今，更多的延边稻农按照无公害、绿色、有机水稻生产技术规程进行标准化生产，令延边大米成了一米难求的米中极品。

2015年7月16号，习近平总书记在延边调研时，一路来到延边大米的核心产区——海兰江畔的平岗绿洲，并提出"粮食也要打造品牌"，一米品天下的延边大米蜚声四方。

/ 北方稻乡"天水"流 /

"八山一水半草半分田"的延边，地处长白山区，系中、俄、朝三国交界的东北亚金三角，一眼望三国。松花江、图们江来自天池的水滋润出了著名的北方"水稻之乡"。

在吉林大米整体品牌中，延边"清湖禾香"是主要的子品牌之一，也是吉林大米东部地区的优质大米代表。

"'清湖禾香'是吉林大米的重点推广品牌，代表着延边大米。之所以说我们的大米'一米品天下'，源自我们无法复制生态环境。"延边大米协会常务会长、延边元利工贸有限公司董事长林忠民表示。

沈文福介绍说，延边山林遍布，适合种植水稻的平原地带有限，全州水稻种植面积约4.1万公顷，正常年景水稻产量在23万吨左右，出产大米不足20万吨，区外商品量也就5万～6万吨。

"物以稀为贵，这是延边大米的优势。"沈文福说。

珲春龙裕农业发展集团有限公司董事长陈石亭认为，优质农产品的三要素包括水、空气、土壤。长白山流下来的水，恒大冰泉已经给延边做了最好的宣传，良好的生态环境给了延边做高端大米、绿色有机大米的基础硬件。

据介绍，延边是鸭绿江、图们江、松花江三江流域的源头，三江之水由长白山天池而出，水系独立，无任何污染。境内共有137条流域面积百平方千米以上的河流，湖泊湿地星罗棋布，无论巨流细溪，水质均清澈甘甜。

此外，东临日本海、西北有群山做屏障的延边，森林覆盖率高达80%，空气纯净。中国城市竞争力研究会发布的"2015中国十佳空气质量城市排行榜"，延边雄踞榜首。

与此同时，清王朝200余年的封禁，使延边这一区域的原生态得以完美保存，稻田土壤以草甸型水稻土、冲击型水稻土和白浆型水稻土为主，更适于水稻种植，是吉林乃至东北地区施肥量最低的地区之一。

延边佳禾米业有限公司总经理郎金荣不无自豪地说："延边大米是喝着矿泉水、吃着中草药、呼吸着富氧空气生长起来的，丰富的矿物质元素含量令延边大米口感更好，这样儿的大米能不好吃么。"

/ 朝族文化藏密码 /

20世纪60年代，一首《红太阳照边疆》红遍大江南北，"长白山下果树成行、海兰江畔稻花香"的美景让世人神往。

原吉林省粮食局局长韩福春在谈及吉林大米品牌建设时曾说："要大力挖掘吉林的大米文化，讲好吉林大米故事，我们卖的不仅是大米，更是文化。"

据介绍，延边州215万的总人口中，朝鲜族达到80万，占36.5%，延边州是我国最大的朝鲜族聚居区。与朝鲜族文化一脉相承的延边大米，无疑是吉林大米中"文艺范儿"相当浓郁的一个。

是朝鲜族人民用勤劳的双手在吉林省和东北其他各地开发出水田，延续了渤海国时期以后中断了一千余年的东北稻作史。

勤劳聪明的朝鲜族人民不仅会种、会管水稻，更会做、会吃大米。犹记得，一位曾在吉林东部地区"插队"的资深粮食从业人士说："朝鲜族人最会种水稻、吃大米，同样的大米，朝鲜族家里做出来尤其好吃。"

和龙市东城镇光东村，是习近平总书记延边调研时走过的村子。来自该村的朝鲜族稻农周梅浩道出了朝鲜族人做大米好吃的"秘诀"。

"我们做米饭用水、用火都十分讲究，以前都用清澈的河水。而做米饭用的厚铁锅是最大的不同，朝鲜族用的铁锅底深、收口、盖严，能焖住气儿，做出的米饭颗粒松软，特别好吃，而且一锅一次可以做出质地不同的双层米饭，甚至多层米饭。"周梅浩介绍说。

据介绍，延边的朝鲜族妇女还会用淘米水洗头，头发又黑又亮；用淘米水浇花，花长强壮，花开鲜艳；用米浆浆衣被，光鲜亮丽不易脏。

而朝鲜族美食的代表——打糕，除了食用之外，还在每年中、高考时节有着特殊的寓意。

每年中、高考，朝鲜族中学的大门上就会被考生家长、长辈粘满打糕，寓高（糕）中金榜之意，谁粘得上、粘得高就讨一个考生能考得上、考得好的彩头。

吉林作家、第六届"鲁迅文学奖"得主任林举，把北纬40度至45度之间的狭长地带上，配以优质的土、优质的水、优质的空气生长出来的大米比作"石中之玉"。

一米品天下的延边大米，当之无愧。

产业观察

"粮食也要打造品牌"后的延边之变

33岁的金君，说起话来有些羞涩。但在习近平总书记和其叔叔金淳哲之间担任翻译时，照片中身着朝鲜族传统民族服饰的他，脸上是无法掩饰的笑意。

2015年7月16日，习近平总书记调研延边时来到和龙市东城镇光东村，提出"粮食也要打造品牌"。这一年，也是吉林大米品牌建设初见成效的一年。

2016年，得到总书记认可并提出期望的延边大米，在吉林大米品牌建设乘风而起之际，又发生着哪些变化？

/ 政府空前重视 /

在水稻不是优势产业的延边,还出产着人参、鹿茸、辣白菜、苹果梨、黄牛肉等众多知名土特产品。

延边州粮食局局长助理沈文福是一位在粮食部门工作了三十多年的老粮食人。在沈文福的记忆中,2015年的全州农产品单品推介会是第一次。

2015年的吉林大米新米上市北京推介会之后,当年11月,延边州政府组织本地区6户企业在北京新发地农产品批发市场,首次举办了延边大米进京推介会,引起热烈反响。

"延边的农产品很多,以前都是一块儿推介,单独把大米拿出来是第一次,并且是州长亲自推介,充分说明了地方政府对延边大米品牌建设的空前重视。这也是习近平总书记提出'粮食也要打造品牌'之后,延边最大的变化。"沈文福说。

沈文福表示,2016年延边要紧密配合吉林大米品牌建设的系统工作,同时组建延边大米产业小联盟,通过吉林大米产业联盟这个大联盟的带动,抱团闯市场,进一步提升延边大米的品牌美誉度和市场价格水平。

据介绍,延边州政府和粮食局还将进一步加大延边大米的推介活动。2016年4月份,延边大米产业联盟的6家企业赴北京参加第三届(中国)北京优势农产品展销会。

延边佳禾米业有限公司总经理郎金荣认为,地方政府出面主推吉林大米、延边大米的宣传,比单纯由企业去做推广宣传更有公信力,其概念和公众信任程度不同,市场效果的反响也很不一样。

/ 销售量速齐增 /

对于延边元利工贸有限公司总经理林忠民来说,2015年收获的不仅仅是"清湖禾香"大米销售量的增加,更多的是眼界的开阔和思维的转变。

据介绍,2014年,元利工贸的大米销了2100吨,而2015年加入吉林大米产业联盟以后，2015年元旦之前，林忠民的"清湖禾香"高端大米就卖掉了3400多吨。

"北京到长春的南航飞机航班上了吉林大米和延边大米的广告之后，打电话要高端米的散户越来越多了。思维方面，我也放弃了以前'皇帝的女儿不愁嫁'的心态，敢于'毛遂自荐''王婆卖瓜'般把优质的延边大米卖上更符合其品质的价格。"林忠民介绍说。

对此有同样感慨的还有和龙市东城镇光东村有机大米合作社负责人金君。

光东村有机大米合作社流转了全村170多公顷水稻，每年产800多吨的有机大米。

"习近平总书记的一句话，比任何广告都厉害。2015年，我们有机大米的销售速度相比2014年加快了3倍，春节之前库里边儿已经一点都没有，往年都要卖到6月份。"金君不无感慨地表示。

地处珲春的龙裕农业发展集团有限公司董事长陈石亭认为，当前国内高端大米市场的鱼龙混杂，对吉林大米、延边大米反而是个机会，政府做背书、优越的生态环境，都为吉林大米占领高端品牌市场提供了最有利的硬件支持。

对于主业做民用燃气供应的陈石亭来说，进入大米加工行业的初衷很简单，就是一种情怀。

"一个定居新西兰的朋友，回国几天还要自带大米回来，原因是对国内的大米安全不放心。这让我很受触动，延边有这么好的大米，却并没有赢得高品质消费者的认可，我想把它做好，而且我认为一定能做好。"陈石亭表示。

"2015年，我们的高端大米售卖价格普遍在8~9元/斤，销售量也比2014年增加了很多，这个得益于我们种植的'龙阳一号'品种，其甜味比五常米浓，闻着香，吃着更香。更浓的甜味来自稻田土中丰富的矿物质元素。"陈石亭介绍说。

/ 思维"换挡"提速 /

粮食要打造品牌，把吉林大米当成法国红酒卖，对于米企来说，首先要转变的就是思维。

金君表示，2016年主要精力放在了大米品质提升和市场拓展上，未扩大规模，首先保证质量，种好水田，加工环节在营养方面搞一个差异化产品，做营养成分更高的适度抛光米。

春节过后不久，金君招聘了一个之前在韩国打工五六年的年轻人——金玉哲，让其负责大米的网络渠道销售。

目前，合作社正在与相关电商平台洽谈一个"一亩良田"的认筹项目，开发高端消费市场。

此外，合作社还计划把村集体纳入进来，村子以耕地入股，走村企合一发展模式，进一步壮大品牌大米产业的发展。

"现在我们的有机大米普遍卖到5元/斤以上，未来希望把这个价格水平提升至10元/斤以上。"金君说。

陈石亭2016年同样把重点放在了稳定基地建设、提升大米品质方面，同时在文化、创意农业方面做更多的尝试。

"龙裕的有机大米种植基地已经通过了欧盟的认证，下一步我们会经常邀请高端的群体性消费者来延边走一走，看一看青山绿水，呼吸一下新鲜空气，延边大米卖的不仅仅是大米，更是环境、空气。"陈石亭说。

随着吉林大米品牌建设的推进，思维转变的不仅仅是企业，还有跟米企紧紧相连的稻农。

和龙市头道镇明星村稻农解文谦2016年种植25垧的水稻，选种的时候毫不犹豫地选择米质更为优秀的"吉粳511"。

"之前一直种超级稻品种，产量高，国库又收，收入有保障。近两年开始跟大米加工企业做订单种植，改种优质品种，虽然产量下来了一点，但价格要比普通水稻多卖0.2~0.3元/斤，正常年景的'吉粳511'品种，每垧地净收益在1.6万~1.7万元，2016年全种'吉粳511'这个品种。"解文谦说。

明星村共有水田800多垧，预计2016年，"稻花香""吉粳81""吉粳511"等优质品种水稻的种植比例将接近50%。

"粮食也要打造品牌"，带给延边的思维转换正在加速。

巴彦淖尔：中国强筋小麦地标

□ 郝瑞

　　河套平原土地肥沃，日照时间长，昼夜温差大，独特的自然条件十分有利于农作物集聚营养。巴彦淖尔小麦品质卓越，蛋白质和面筋含量远远高于全国小麦平均水平，是国家地理标志证明商标产品。品质决定价格，巴彦淖尔是世界上原产地小麦收购价格最高的地区。

＊＊＊

　　2017年3月中旬，内蒙古自治区巴彦淖尔市五原县举行了"2017年全区耕地质量建设年启动仪式暨春播第一耧现场会"，数千人聚集于此，载歌载舞，庆祝春播。
　　在中国几千年的农耕文明发展中，这类古代常有的活动，近代已逐渐失去踪影，如今在巴彦淖尔看到了农耕文明的传承和延续，不由使人心头生出一股暖意。
　　五原县人均耕地5～6亩，小麦亩产近千斤，种"永良4号"可以卖到1.60元／斤以上。那么，这里的小麦为何能卖到如此高价呢？

/ 优质小麦出"河套" /

黄河是中华民族的母亲河,她从青海境内的巴颜喀拉山开始,一路奔腾咆哮,九曲十八弯,"几"字弯流经宁夏、内蒙古地区时,形成"河套"。古语云:"黄河百害,唯富一套。"因有黄河水的滋养,河套地区水资源丰富,加上气候、光照、温度等各种先天优势,使得当地农业迅速发展。

内蒙古自治区巴彦淖尔市地处河套地区的"东套",粮食资源丰富,历来是重要的商品粮生产基地。据相关部门统计,巴彦淖尔市小麦种植面积190余万亩,总产量约13.8亿斤;玉米种植面积208万亩,总产量24.5亿斤;油葵种植面积66.3万亩,总产量2.8亿斤;食葵种植面积136.9万亩,总产量6.4亿斤。

巴彦淖尔系蒙古语,意为"富饶的湖泊"。

河套平原水资源丰富,黄河自西向东横贯全境。河套灌区有以三盛公黄河水利枢纽工程为主体的完整的引黄灌溉系统。

河套平原土地肥沃,日照时间长,昼夜温差大,年平均日照时数为3192小时,是中国光能资源最丰富的地区之一。独特的自然条件十分有利于农作物集聚营养、提升品质、改善口感。远离工业污染,又使河套农产品拥有了绿色健康、营养均衡、口感独特的资源禀赋。巴彦淖尔小麦品质卓越,蛋白质和面筋含量远远高于全国小麦平均水平,为国家地理标志证明商标产品。目前,巴彦淖尔是世界上原产地小麦收购价格最高的地区。

在20世纪90年代,河套地区种植小麦最高年份达460万亩,近年来在130万~150万亩之间徘徊。

/ "拉面王子"演绎传奇 /

电影《决战食神》中,葛优饰演的洪七云游的时候,遇到两个正在吃馒头的小和尚。洪七品尝之后评价说:"这个馒头,小麦是河套的,但发酵的时间长了,揉面的时间短了,上蒸笼的时候火候过了,所以很一般。"小和尚听了这话,一脸的崇拜之情显露无疑。

巴彦淖尔广为种植的小麦品种是"永良4号"。该品种也曾多次在山东、河北等优质小麦产区进行替代试验，都生产不出同样口感的小麦粉。在巴彦淖尔，当地人尝上一口馒头或者面条，就能吃出来是不是当地的小麦。

"我们的小麦绿色、天然，面粉筋道，国内、国外很多消费者就认我们这里的小麦和面粉。"巴彦淖尔市粮食局一位工作人员骄傲地说。

巴彦淖尔小麦粉品类繁多，主要用来加工高筋专用粉，制作的挂面、手拉面、延面及馒头、面包等各色主食享誉国内外。

因为品质好，巴彦淖尔小麦粉及其加工产品畅销国内外市场数十年，受到消费者青睐。有"拉面王子"之称的国际著名餐饮大师厉恩海，曾用1公斤面粉和制出的面团，拉制出52万多根细如发丝的龙须面，累计长度达1,268,776.96米，相当于世界最高峰——珠穆朗玛峰的143倍。

2007年，厉恩海专程到巴彦淖尔市临河区，在巴彦淖尔市面粉加工龙头企业——内蒙古恒丰食品工业（集团）股份有限公司现场表演了拉面绝活儿：用1公斤"河套牌"面粉抻出209万根拉面，并且在一个针眼内穿入39根拉面。

2015年和2016年，厉恩海又分别在巴彦淖尔、北京等地的会议上现场进行拉面表演，用的全是巴彦淖尔小麦粉，现场反响热烈。

2017年初，中国人民大学农业与农村发展学院副院长郑风田走进巴彦淖尔，品尝过当地面粉做出的馒头之后，由衷称赞。

/ 龙头企业引领带动 /

"我们2017年春天种植'永良4号'小麦，秋天最低价格也能卖到1.6元/斤。"五原县一位种植户表示。早在2016年秋末，恒丰集团便对广大农户发布公告：2017年套区"永良4号"优质小麦，订单收购保护价1.6元/斤。集团建议有意愿种植的农户尽快做好秋浇保墒工作。

2016年以来，全国葵花、玉米价格疲软，让种惯了这两种大宗作物的河套农民一筹莫展。2017年究竟种什么、种多少大多数人心里没有了底，前几年并不被看好的农业订单如今成了抢手货。小麦的比较效益也相对提升，农户种植小麦的积极性有所回升。

2017年，以内蒙古恒丰集团、内蒙古兆丰公司等为首的当地面粉加工企业扩大了小麦种植订单面积，并通过推广麦后复种燕麦草、西兰花等技术，保证农户种植小麦的经济收益，为农民开春安排种植"雪中送炭"。

据了解，巴彦淖尔市的面粉加工产业从无到有，从小到大，历经了50多年的发展历程。尤其是20世纪90年代初期，巴彦淖尔小麦加工产业得到了快速发展，现已初步形成了高中低档产品并举、精深加工起步的格局。

内蒙古恒丰集团是当地最大的小麦加工产业化龙头企业，年加工小麦25万吨。60余年的发展历程中，恒丰集团获得国家和自治区各级荣誉称号无数，集团精心培育和打造的"河套牌"商标是面粉行业唯一的中国驰名商标，高端产品的市场占有率居全国同行业前列。

恒丰集团董事长魏建功介绍说，2017年签订订单30万亩，由集团统一向农户提供小麦籽种和化肥，保证原料品质。

而以生产加工绿色有机石碾面粉为专长的兆丰公司，2017年也拿出10万亩订单"大礼包"与农民签约，是2016年订单面积的2倍多。公司副董事长李国强说："公司致力于河套小麦全产业链加工，我们绿色、富硒小麦按照每斤2元的价格与合作社、农户签订订单，每斤收购价格高于普通河套小麦0.4元，真正让麦农获得种植红利。"除了恒丰、兆丰两大龙头企业以外，全市还有大大小小的面粉加工企业80多家。2017年河套小麦播种面积突破150万亩，其中四成以上属于订单种植。

"我们'河套'小麦粉品质好，产品销售价格也较高，而粮源却非常有限，市场上连年呈现供不应求的局面。作为主导企业，我们愿意以高价收购小麦，提高农民种植小麦的积极性，提高农民收入，保障粮源供应。"恒丰集团董事长魏建功表示。

■ 样本解读

恒丰集团：优质"河套"雪花粉缔造者

□ 郝瑞

优质的产品和品牌，为恒丰集团的销售带来了佳绩。目前，恒丰集团的销售网络覆盖全国130多个地区，产品出口日本、俄罗斯、新西兰、加拿大等国，高档面粉的市场占有率居全国前列。

内蒙古恒丰食品工业（集团）股份有限公司坐落在巴彦淖尔市临河区，其前身是一家始建于20世纪50年代中期的面粉加工企业——临河面粉厂。建厂之初，该厂仅有3台600型磨粉机（日处理小麦60吨），几间土木结构的办公室以及土坯结构的储粮仓。

20世纪60年代中后期，内蒙古自治区粮食局（当时为内蒙古自治区粮食厅）投资7万元，扩建了临河面粉厂。1977年，临河面粉厂年生产能力从最初的1.3079万吨上升到1.453万吨，年利润从当初的5万元上升到11.2万元。

如今，恒丰集团拥有4条具有国际领先水平的面粉生产线，并引进世界一流的检化验设备，现有固定资产5亿元，日处理小麦850吨，是我国西北地区大型民营现代化面粉加工企业集团之一。目前，恒丰集团拥有10个子公司，形成了种、养、加、科、工、贸为一体的产业化经营发展模式。

/ 注重基地建设 /

从2003年开始，恒丰集团通过实施"公司+科研+农户"的基地建设管理模式，完善以利益合同为纽带的订单机制，保证现款优质优价收购，并为基地技术依托单位提供必要的资金支助，形成规范的农业产业化经营模式，每年与农户签订订单，实现了农民增收、科研成果落地、企业增效的多赢格局。

2014年，恒丰集团订单种植绿色优质小麦18万亩，包括推广富硒小麦4.2万亩，带动农户约1.7万户，农民户均增收540元；科研技术服务创收60万元；为农民垫付籽种设点收购和免费存储让利约68万元。

2016年，恒丰集团签订小麦订单23万亩，是近几年签约量最大的一年，2017年达到30万亩，而且由恒丰集团统一提供小麦籽种和化肥，保证原料品质。

在恒丰集团的带动下，河套小麦平均收购价格每年比河南、河北、山东等小麦主产区高出0.2～0.4元/公斤，20多年来始终保持全国第一。

2014年，内蒙古河套地区的小麦收购价为3.3元/公斤，成为世界产地收购价最高的小麦品种。

同时，恒丰集团尝试探索以点带面的方式建设企业小麦种植基地。从2010年开始，恒丰集团采取的是租赁第二轮承包土地使用权，以长期的模式自建企业小麦种植基地，先后在五原县、临河区等乡镇陆续建设成千亩连片小麦种植示范基地5个，流转土地5047亩，如五原县银定图镇宏盛村"五原县恒达新现代种养业繁育场"等。

由恒丰集团牵头成立的专业农业合作社，建立农场式生产管理制度，按种植区需要配备相关农机生产设备，由合作社负责每年度的小麦种植和轮作的统一管理，如乌中旗石哈河镇郜北村"乌中旗石哈河恒达原生态种植专业合作社"。2014年，与合作社农户共同实现绿色、原生态小麦种植2万亩。2016年，建立6万亩的小麦种植基地，实现定向收购原生态小麦，带动合作社农户每亩增收20%～40%。

/ 多环节把控 /

从一个小型的集体面粉厂，到一家大型的全产业链面食品集团，恒丰集团将小麦面粉产业链的上下游各领域工作做到了极致。

目前，恒丰集团的业务范围涵盖基地种植、面粉加工、粮食收储、面食品深加工、市场运营、物流运输等多个领域。

此外，恒丰集团在良种科研、小麦深加工、网点布局及售后服务方面，颇下了一番功夫。

以销售网络为例，优质的产品和品牌为恒丰集团的销售带来了佳绩。目前，恒丰集团的销售网络覆盖全国27个省、市、自治区的130多个地区，售后服务系统完善，产品出口日本、俄罗斯、菲律宾、韩国、朝鲜、蒙古、新西兰、加拿大等国家，高档面粉的市场占有率居全国前列。

关于"河套"品牌建设，恒丰集团董事长魏建功说："一是通过企业宣传和引导，以产品品质维护品牌；二是有赖于本地党委、政府以及公安、工商、技术监督等有关部门的高度重视、共同呵护，依法维护好'河套'商标专用权，我们才能管理好、使用好这一宝贵财富。"河套孕育了恒丰集团，恒丰铸就了河套品牌。2016年，恒丰集团共加工小麦14.37万吨，销售面粉10.45万吨。

/"一体两翼"发展/

2015年，恒丰集团确立了"一体两翼"发展的发展战略，即"以面粉加工为主体，一方面向基地种植、收购、仓储发展，另一方面向精深加工发展"的总体思路，全力打造百年企业，努力建设1000个千亩连片种植基地，进一步实现全产业链经营，促进企业整体或局部上市。

目前，恒丰集团已全面启动以上远景发展战略，在整合区域资源的基础上，强化产品创新，延长产业链，逐步向产品深加工、高附加值的方向发展，努力推动"河套""大公"两大品牌在市场中的影响力和竞争力。

恒丰集团投资3.2亿元在巴彦淖尔市经济开发区开发建设"河套绿色食品工业园"，园区总占地面积20万平方米，优质小麦基地建设以及绿色富硒小麦深加工项目正在按计划实施。其中，投资9000万元的一期项目包括年产1万吨富硒挂面生产线和年产20万个富硒馒头生产线、年产2000吨富硒通心面生产线、年产7500吨富硒手延面生产线，现已投产；二期工程项目包括年产1万吨保鲜面团食品生产线项目、年产1700吨胚芽蛋白食品生产线建设项目、年产160吨小麦胚芽油生产建设项目、年产5600吨小麦谷朊粉生产建设项目、年产1万吨膳食纤维生产建设项目等。

项目实施后,恒丰集团将立足地区资源优势,以市场为导向,以技术为动力,积极从资源型向产品深加工、精加工项目推进,从面食品加工企业向多元化经营跃进。

■ 产业观察

守望中国最优质的麦田

□ 郝瑞

巴彦淖尔小麦品质好,即使用同样的种子,换到别的地方种植,种出来的小麦也不一样。所以,巴彦淖尔地区的小麦,具有独特性与唯一性,在市场上广受青睐。虽然收购价格十几年来一直在全国处于最高,但仍是加工企业的抢手货,这也是巴彦淖尔市面粉企业在行业内的竞争优势所在。

20世纪末,河套地区春小麦每年种植面积约为30.6万公顷(约459万亩),目前种植小麦面积比起高峰期明显"缩水"。

小麦品质再好,如果种植面积太少,粮源一直减少,企业将面临无原料可加工的问题。所以,保护及保障巴彦淖尔的小麦供给,成为一个紧要问题。

/ 种植面积为何下降 /

"导致小麦种植面积下降的直接原因是种植小麦投入大、效益低。"业内相关人士表示,"小麦用水量大,生长期最少要浇3~4次水,而葵花只需要浇2次,国家分配的平价水种小麦根本不够,必须购买价格相对较高的议价水。种植1公顷葵花的纯收入相当于3.6公顷小麦。"在巴彦淖尔,大多数农民即使种小麦,也是用来自留口粮,而有的农民已经连续几年不种小麦。"像城里人一样,买面粉吃。"这是当地农民颇为普遍的想法,因为仔细算算账,大家觉得买粮吃比种口粮更划算。

据不完全统计,城郊农民90%已不种植粮食,在农村也有30%左右的农民不再种植小麦等粮食作物,而且这一比例仍在不断增加。

"河套优质春小麦"这一具有国内外优势的粮食作物正在被逐渐丢弃,以"河套牌"雪花粉为代表的河套优质小麦品牌以及国内小麦粉加工行业唯一的驰名商标面临粮源不足的危险。

2004年以来,国家一直关注"三农"问题,逐步加大扶持力度,想方设法增加农民收入。为鼓励粮食稳产增产,国家出台政策对种粮农户实行了粮食直补,在全国各地普遍推行了这一政策,但具体操作方法不一。

巴彦淖尔市粮食直补的做法也和国内大多数地区一样,是按种植土地面积平均分配补贴,种粮与否都一样。于是,多数农民拿到种粮补贴却种了效益更高的经济作物。

近年来,随着巴彦淖尔小麦种植面积的逐年减少,各地小型面粉加工厂对当地小麦恶性抢购,简单的无效益加工对越来越稀缺的河套小麦无疑是一种资源浪费。

/ 维护巴彦淖尔小麦品牌 /

一个品牌的确立,要经过许多人的努力。"河套牌"系列产品打的是巴彦淖尔小麦这个品牌,在市场上以质取胜。它不仅仅是企业的品牌,更是巴彦淖尔农产品品质和形象的代表。

在效益衡量下,农民种植小麦积极性不高。在利益驱动下,为了追求利润,部分小型面粉加工企业一方面采取各种不正当竞争,比如直接灌装外地面粉,甚至采取掺假、造假等违法行为,破坏河套小麦粉的品牌形象;另一方面,大打价格战,扰乱了市场良性竞争环境,对优质优价的巴彦淖尔河套特色面粉产品销售影响巨大,对巴彦淖尔河套小麦粉品牌整体发展壮大造成了极为不利的影响。

业内相关人士表示,在此情况下,"加大政策扶持,改变补贴方式,使种粮补贴资金集中向小麦种植倾斜"势在必行。由于种植小麦的效益在粮食作物里是最低的,农民没有积极性可以理解。以往的种粮补贴方式是按照农民拥有核准耕地面积进行补贴的,如果改为直接补贴到农民流通商品小麦上,由核准有资质的收储企业和龙头企业在收购时卖一斤补一斤,那么不种粮的农户自然得不到粮补,这样不仅可提高种粮补贴力度,而且真正起到了国家种粮补贴款的作用,可有效调动部分农民种粮的积极性。

另外,在国家不断加大粮食作物扶持之际,针对我国粮食产需缺口逐年增大和粮食生产重心由南北移的格局,国家将进一步加大对东北、西北等粮食生产大县的投入和奖励,并建立长效的激励机制,在基础建设、粮食流通、市场调节、科技支撑、安全立法等方面加快建设步伐。

由于小麦面粉加工业本大利薄,在小麦收购季节,面粉加工企业需要大量资金向农民支付售粮款,资金不足、融资难是困扰面粉产业发展的一个现实问题,亟须各级政府在融资政策和渠道上形成共识,出台相关扶持政策。

巴彦淖尔河套平原气候干爽,种植小麦病虫害发生轻,有条件生产绿色产品。河套面粉加工产业有必要加强绿色食品基地建设,大力开展绿色食品基地的认证,大打"绿色""特色"牌,与时俱进,提升竞争力指数。

山西：昔日"杂粮王国"变"杂粮厨房"

□ 王盟　郝瑞

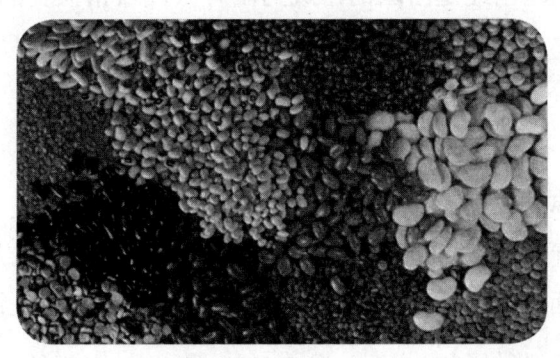

　　一直以来，业内都流传着一种说法："世界杂粮看中国，中国杂粮看山西。"随着生活水平的提高，"养生"逐渐成为消费者追求的目标，而养生概念丰富的粗粮、杂粮开始变身"宠儿"，这为杂粮产业提供了巨大的发展空间。作为滋润小杂粮生长的"理想王国"，山西省杂粮产业更是获得了前所未有的机遇。

* * *

　　"人说山西好风光"，这句话曾经每天都在央视《朝闻天下》栏目广告时间滚动播出。
　　山西省，位于河南省西部、内蒙古南部、陕西东部，境内2/3的地区都是山地，这样的地方不适合小麦、水稻等传统主粮生长，却成为红豆、小米、豌豆、荞麦等小杂粮生长的"理想王国"。
　　随着生活水平的提高，"养生"开始成为当下消费者追求的目标，"食补"成为流行，而粗粮、杂粮也逐渐成为消费者热衷的对象，这为杂粮产业发展提供了巨大的发展机遇,以杂粮产业为主的山西省更是获得了前所未有的机遇。

一直以来,业内都流传一种说法:"世界杂粮看中国,中国杂粮看山西。"特殊的地形、多样的气候、悠久的农耕历史和丰富的杂粮品种资源,使山西成为优质杂粮的"黄金产区"。

这个面积只有15万多平方千米的土地上,生长着上百种各式各样的杂粮品种,其中一些已经走出国门,成为国外人民日常饮食的必备食品。

/小杂粮里炼出金/

统计数据显示,2014年,山西省杂粮种植面积为1385.7万亩。围绕粮食品种丰富、优势明显的特点,该省稳步实施以规模化、优质化和产业化为重点的"东西两山"小杂粮生产优势区域建设。2014年全省小杂粮生产再获丰收。

山西省小杂粮常年种植面积约占全国的10%,占全省粮食作物播种面积的34%;总产量25亿公斤,占全省粮食总产量的25%,其中,谷子总产量居全国第二位,荞麦总产量居全国第三位,燕麦总产量居全国第四位,马铃薯总产量居全国第五位。

2012年,山西省启动杂粮产业振兴计划,打出一系列"组合拳",优化品种结构,培育龙头企业,建设生产基地,重点发展优势杂粮。2014年,山西省粮食局相关领导多次公开表示,山西小杂粮必须在精深加工方面下功夫,瞄准高附加值产品,与传统的酒、醋、饮品等产品结合,发展特色杂粮的衍生品,并着力促进企业、基地、农户和市场的衔接,延伸产业链。

不难看出,发展杂粮产业已经成为山西粮食行业的一个主导方向,依托这个主导方向,该省不断拓展杂粮品种,挖掘优质杂粮品种的附加值;同时还积极拓展杂粮产业的下游,搞好深加工建设,将杂粮"吃干榨净"。

山西臣丰食业有限责任公司以苦荞为原料,生产苦荞健茶、苦荞清饮、荞麦混合粉、杂粮方便冲调食品、沙琪玛,以及以苦荞壳为原料的床上用品4大系列100多个品种。

臣丰食业副总经理梁俊介绍,企业自有品牌"三清"的核心就是"清心、清新、清三高"，充分挖掘苦荞的营养价值。

山西朔州山老汉农产品开发有限公司成立的时间并不长，不过已经发展成为朔州市农业产业化龙头企业，杂粮产业不仅消化了周边原粮，还为农民提供了就业场所，实现了一个企业带动了一个产业发展的效果，受到当地粮食局的高度评价。

"'山老汉'的名字听起来虽然挺土气，但是很'接地气'，给消费者一种纯朴和踏实的感觉。这里生产的产品更有乡土气息，也更能突出山西当地杂粮的特色。"这是业内人士对于"山老汉"的评价。

"我们生产的地皮菜、摘麻花、黄小米、黑小米、精品纯莜面、豆面、荞面、黄米面、豆面糊、胡麻油销售业绩都不错。尤其是胡麻油还是高端食用油，市场前景很好。"山老汉农产品开发有限公司总经理张皓玉说。

朔州市粮食局局长智杰山表示，杂粮产业已经成为朔州粮食行业的重头戏，它改变了传统的杂粮种植模式，提高了农民收入，带动了农民的种植积极性。

/ 做好"个性"文章 /

在提到杂粮的时候，业内总喜欢在前面冠上"小"字。一个"小"字，不仅表明了这个产业的规模，也表明了这个产业和传统主食产业的不同之处，因此杂粮产业的销售模式和销售策略也有自己的独特性。山西的诸多企业根据地域以及杂粮的特性，探索出了不同的发展道路。

在忻州市汇丰粮业有限公司，山西省"饭中有豆"杂粮电子商务平台于2015年8月23日正式上线。据了解，"饭中有豆"杂粮电子商务平台是山西省第一家线上线下相融合的杂粮电商平台。平台于2015年初开始规划建设，电商发布产品涉及特色小米、特色杂粮豆、石磨杂粮纯粉、杂粮面条、土特产、大米、小麦面粉、食用油等8大系列100多个品种。

山老汉农产品开发有限公司积极开拓"互联网+"，设立了微信公众账号用于宣传和提高公司品牌知名度。

张皓玉介绍，他们在太原、北京、朔州等地设立了多个销售分公司，一方面将公司的销售网络从山西布局到全国，一方面拓展渠道，为产品销售找到不同的方法。

臣丰食业打造荞麦加工全产业链，除了生产荞麦米、荞麦面等产品，还不断向荞麦产业上下游发展，用荞麦壳做出各种样式的枕头、坐垫，把荞麦加工成易拉罐装饮料。

而山西晋荞米业有限公司注重科技研发，从小杂粮中提炼出营养成分，做成营养品，追求"卖油不卖油，卖粮不卖粮"的更高目标。

山西中大科技有限公司将亚麻籽进行高科技冷榨，产出高营养亚麻籽油；生产的油脂、胶囊产品不仅营养价值丰富，毛利率也是传统杂粮产品的数倍。公司总经理韩君涛透露，该产品经多人试用，效果十分明显，未来市场空间巨大。

晋中黄彩苑农业食品科技有限公司主打特色小米，其小米被评为"天下第一谷"。该公司不单单销售小米，还将小米酿酒进行地窖冷藏，68度的小米酒香醇凛冽，未经销售便被提前订购一空，供不应求。

此外，一些企业则立足公司品牌，不断挖掘杂粮产品的附加值，并将这些产品作为公司打开销路、提升知名度的"撒手锏"。

杂粮，一直"养在深闺人未识"。

近年来，山西小杂粮逐渐成为中国乃至世界的一个新名片，尤其是杂粮的价值被一些企业发掘和推广。沁州黄、忻州杂粮、红芸豆等，成为这些地区的地方标志产品。这些"犹抱琵琶半遮面"的小杂粮逐渐被越来越多的消费者认可，大家开始认识到小杂粮的营养价值。

小杂粮不再"小"。山西小杂粮，将引领中国杂粮产业新的发展之路。

样本解读一

汇丰粮业：让"五台山"牌小杂粮享誉全国

□ 王盟 郝瑞

"世界小杂粮在中国，中国小杂粮在山西，山西小杂粮在五台山"。行业盛传的这句话，应该是对五台山小杂粮的最高评价。

忻州市地处佛教圣地五台山脚下，交通便利，北依塞外煤城朔州，南抵省府龙城太原，东靠太行山麓——有五台山坐落，西邻吕梁山脉——有天下奇观芦芽山横贯，更有中国的母亲河——黄河由西经过，是中华文明最早的发祥地之一。这里地处晋北黄土高原，天气晴朗，四季分明，典型的温带大陆性气候，降雨集中，无霜期长，日照时间长，昼夜温差大，特别适合小杂粮的生长；同时传承了几千年的传统耕作方式，所产的杂粮粒大、颗满、绿色、营养，所以忻州是中国的"小杂粮王国"，更是"中国杂粮之都"，自古享有盛名。

山西省忻州市汇丰粮业有限公司是忻州市粮食局于2008年投资兴建的专家生产、加工、销售小杂粮的龙头企业，总资产800万元，拥有现代化的加工车间、1000余平方米的恒温库、200平方米直营店和100多个加盟连锁店、3个1500吨的产品储藏库、数十台配送车辆，员工百余人。

汇丰粮业拥有国内最先进的"麦饭石"石磨生产线两套、小米生产线一套、全自动多功能打包机两套、真空机若干套等专业设备，所生产的产品不仅原汁原味，营养价值更高。近年来，公司自建了两万亩黑、白、黄、绿谷子、黑花生、黑甜玉米、杂粮豆等杂粮基地，并与全市14个县市的杂粮种植户和农民合作社签订了收购合同，真正实现了"公司+基地+农户"的发展模式，成为当地集杂粮种植、加工、贸易于一体的农业产业化龙头企业。

汇丰粮业总经理高文凯说："汇丰粮业成立之初就注册了'五台山'

商标,主要产品有黑白黄绿四色小米系列、豆浆原料系列、石磨杂粮纯粉系列、特色杂粮面条系列、杂粮豆类、土特产系列等6大类100多个品种,产品畅销全国各大城市并远销东南亚。"汇丰粮业注册的"五台山"商标于2012年被山西省工商局评为"山西省著名商标","五台山"牌四色小米被国家粮食行业协会于2012年在全国杂粮展示交易会上评为"产品金奖"。

"随着网络信息的发展,公司又开通了'五台山杂粮商城'网店和杂粮商城手机客户端。我们的杂粮商城叫作'饭中有豆'(www.fanzhongdou.com),不久就将上线,这样,消费者足不出户就可以买到各种'五台山'小杂粮啦。"谈起新媒体销售,高文凯信心满满。

笔者从企业的相关资料中获悉,"饭中有豆"杂粮商城所售产品的品类及规格颇多,有小米——黄、白、绿、黑,有豆类——红芸豆、黑豆、黄豆、红小豆、豇豆、绿豆等,有杂粮豆礼盒组合装、杂粮面礼盒装……高营养、小包装、易保存、易配送。

"经过多年的发展,汇丰粮业逐渐步入了科学运营、规划超前、发展稳定、前景广阔的市场运作的快车道。随着主食杂粮产业化的全面实施,在各相关单位的大力支持以及公司全体员工的努力下,汇丰人定能打造一家集杂粮生产加工、经营贸易、主食杂粮产业化和市场化为一体,产品多元、绿色高能、优势互补、辐射纵深、管理超前、运营顺畅的现代化企业。"高文凯表示。

样本解读二

臣丰食业：将"苦荞茶深加工"进行到底

□ 王盟　郝瑞

"由于苦荞颗粒多，因此需要消费者把产品买回家，沸水冲泡后饮用。本以为这便是苦荞的深加工，而'古道三清'黑苦荞汁是易拉罐装，可从超市、便利店、自动售卖机简单购买，3~4元便可轻松喝到，苦荞深加工得到进一步创新。"这是到过臣丰食业的人们的共同感受。

"我们的'古道三清'清脂、清毒、清三高。之所以这么说，是因为其原料——黑苦荞富含黄酮（芦丁）70%以上，而芦丁是临床治疗'三高'很有效的辅助药物。'古道三清'苦荞茶汁中苦荞蛋白有1/3是清理蛋白，可清理体内的霉素和异物，排毒功效显著，有'毒素清道夫'的美称，民间称其为'净肠草'。苦荞还富含维生素P、硒元素、高蛋白、矿物质及18种氨基酸，也是熬夜加班者理想的排毒饮品。"臣丰食业总经理王华介绍。

据了解，臣丰食业成立于2008年，坐落于距离朔州市100多千米的右玉县工业园区，注册资本2800万元，公司占地面积100亩，现有3条生产线，职工150名，公司拥有种植基地40,000亩，大、中型农机设备10台（套）。

在臣丰食业的产品展示大厅，可以看到各种与苦荞产业链相关的产品，如苦荞系列深加工产品，包括苦荞健茶、荞麦混合粉、杂粮方便冲调食品、沙琪玛等和以苦荞壳为原料的床上用品4大系列多种规格100多个品种的产品，琳琅满目，颇为壮观。

臣丰食业副总经理梁俊介绍："我们臣丰食业既然做苦荞，就是一心想怎么把苦荞产业做精做深。做产业难，把一个品种做到极致，更难，我们一直在不停地钻研。"其实，苦荞茶只是臣丰食业的主打产品。企业本身是一家集科研、种植、加工、贸易于一体的，面向国内、国际市场的小杂粮健康食品深加工企业。

"臣丰食业立足小农产品开发，很好地发挥了朔州市小杂粮资源丰富的优势。他们的自主品牌'臣丰''古道三清'，都是山西杂粮市场上的明星产品。"山西省朔州市粮食局局长智杰山说。

智杰山进一步肯定了臣丰食业取得的成绩："数年来，臣丰食业以'传播食疗健康理念'为宗旨，坚持'追求、发展、壮大'的经营理念，致力于现代化企业发展的方向，坚持'以产品壮大企业、以企业带动基地、以基地推动产业'的发展战略，努力营造'市场牵龙头、龙头连基地、基地带农户'的龙型产业体系，采取多种有效措施，调动农民种植积极性，大力培育原料基地，确保公司生产的原料供给，使基地农民获得更大利益。其实，臣丰食业带领下的苦荞茶加工，一定程度上改善了朔州市的生态环境和农业生产条件，提高了朔州市农业生产水平，繁荣了农村经济。"

据了解，臣丰食业通过各种形式、多种层次的培训教育，使朔州市一大批农民逐步掌握了有机作物的种植技术和与之相关的科技知识，从而带动了更多的农户致富，使朔州市农户种植的苦荞得到大部分转化，农副产品的附加值大幅度地提高，产业链得以延伸，从而有力地推动了朔州市小杂粮深加工产业化进程，切实解决了农民增产不增收的实际问题，为促进朔州市农村经济健康、稳定、协调、持续地发展做出了贡献。

据悉，臣丰食业二期年产10万吨苦荞饮料生产线建设工程项目总投资1.5亿元，项目包括新建2800平方米日用品生产车间、2800平方米库房、8000平方米饮料车间及其他辅助工程，新增主要生产设备67台（套），主要包括磨浆机、离心机、配料系统、均质机、胶体磨、脱气机、UHT（超高温处理）灭菌机、易拉罐生产线、自动封箱机、水处理设施、空气过滤系统等。

项目于2012年5月开工，2013年底完成设备安装及调试。项目建成后，每年增加销售收入1.55亿元，年可吸收转化当地及周边无公害绿色苦荞3000吨、苦荞麦苗2400吨，每年带动当地及周边农户实现增收1800多万元。

产业观察

三晋大地杂粮香

□ 王盟　郝瑞

在晋北忻州、朔州，一路走过，没有看到煤烟漫天、尘土遍地的景象，很多时候，天空很蓝，白云朵朵，一个个风力发电机车矗立在丘陵上，静静地转动着，将丰富的风力资源转化成电能并入电网。

这里的盛夏，山地贫瘠，不过却也郁郁葱葱，生长着各色树木。在很多丘陵上，可以发现很重的政府呼吁保持水土的痕迹：树木大都有专门的工具固定，等待长大成材之后，再慢慢裁撤。《亮剑》的作者都梁曾说，山西，尤其是晋西北的山地，相比南方比较贫瘠，很多山上寸草不生。如今旧貌换新颜，这里的水土也得到了有效的保护。

山西正在悄然发生着变化。

同样点亮三晋沟沟坎坎的，还有谷子、荞麦、燕麦等多姿多彩的杂粮。

稀缺的平地让这里的农民只能开辟山地资源种植谷子、玉米、杂粮等作物，本来只是用来果腹，却不经然让这里成为小杂粮的天堂。在忻州、朔州、晋中等地，举目可见各种各样的杂粮勃勃生长，不由让人联想到"人说山西好风光，地肥水美五谷香"的场景。

山西是粮食销区，这里的小麦和大米需要从省外调入。先天的缺失让这里的罕见大米加工和面粉加工企业、杂粮加工企业成为粮油产业的主力。这些企业积极挖掘杂粮的附加值，将小小的杂粮打磨成为享誉全国乃至世界的"金豆豆"。

山西发展杂粮产业一般按照两种策略。一个是将品牌作为提升杂粮价格和知名度的重要工具，最鲜明的就是"沁州黄"。山西东南地区的沁县古为沁州，"沁州黄"是这里出产的一种小米，颗粒小，金黄色，被当地人称为"金珠子"。这个拥有历史典籍记载的小米已经在国内拥有了高知名度,"沁州黄"在全国几乎无人不知,家喻户晓。

值得一提的,还有"中国红芸豆之乡"岢岚县。这里的红芸豆品质优良,并且品种一直在改善。岢岚县粮食局工作人员说,该县红芸豆主要出口国外,以日本为主,每年可创汇上亿元。与此同时,岢岚县还建立了成熟稳定的红芸豆品种改良体系,专门致力于红芸豆的品质改良工作,以实现红芸豆质量和产量的稳步持续提升。

另外一个鲜明的发展战略是挖掘杂粮的附加值,致力于杂粮产业精深加工,尤其是挖掘杂粮的医用和药用价值。一些企业将眼光瞄准在"养生"二字上,如山西臣丰食业有限责任公司的"古道三清"牌苦荞茶,还有山西晋荞米业有限公司,将杂粮做成了药用的胶囊和口服液,真正改变了杂粮的"土肥圆"的特性。

小杂粮,这个当年三晋人民为解决温饱而种植的粮食作物开始了"逆袭",销售量不断攀升,销售模式日新月异,很多杂粮产品登上了天猫、亚马逊、京东等电商平台,各种当前流行的微商、电商也纷纷推广杂粮。

小杂粮,正在倾力回报着滋养它的三晋大地。

罗平油菜：花海里演绎春的精彩

□ 杨文娟　魏俊浩

　　从罗平油菜花海、罗平油菜蜂蜜到罗平菜油，都打上了罗平的烙印，成了罗平的一张张名片，而这些所谓的"土特产"汇成了一张更大的名片，这就是富有地域文化、地方色彩的地理标志产品。它们将春天演绎成金色的花、白色的蜜、橙黄的油，这是春的精彩。罗平的油菜花吸引着人们走进罗平、感受罗平、触摸罗平。

＊＊＊

　　罗平是全国油菜花开得最早的地方。3月中旬，本应是云南罗平油菜花开得最好的时期，然而2013年的这个时期，由于干旱，令人心驰神往的油菜花海已经谢幕。

　　"从2012年10月份，就没怎么下过雨，干旱导致花期由往年的40天缩短为1个月了。2012年这个时候正是花开得最好的时候。"罗平县农业局的工作人员解释。

　　这不由得让人想起2010年云南的那场特大干旱。这场干旱直接导致罗平80万亩油菜全部成灾,有23万多亩油菜被晒死,花期也仅有十多天,减产6000万公斤,直接导致经济损失1.66亿元。

/ 自然的选择 /

2013年的降水同样不乐观,据罗平县气象局资料显示,2012年10月到2013年2月,罗平降水量仅为102.8毫米,比历年同期减少137.1毫米,减少57%。

确实如此,一走进油菜地,立马能辨识出它们个子矮了、腰围细了。"2012年的油菜长得快一人高了,2013年高度矮了30~40厘米,秆的直径也由平均4~5厘米缩小为2~3厘米。"罗平县农业局工作人员马行云掰着油菜的秆,很是痛心,"天旱还导致油菜结荚少,有的小荚还没有长出来就干枯了。"我们随手捏了下油菜荚,就能感受到不饱满的油菜籽,再捏一株,还是瘪的,两手的失落。罗平县农业部门初步估计,2013年产量损失4900万公斤左右,经济损失超2.4亿元。

在罗平县万亩油菜示范基地,尽管天气让它们过早地卸下了华丽的衣衫,可满眼的绿色也让人心旷神怡。一辆赶着牛车的农户正从远处缓缓驶来,再远处是喀斯特地貌的峰丛,一座挨着一座,这一切犹如在画中。

马行云说,罗平的气候很适合种植油菜,而且罗平种植油菜的历史也较长。

穿行在油菜丛中,马上会对这个十字花科的草本植物产生敬意。

/ 滇东油库 /

罗平素有"滇东油库"的美誉,油菜种植虽然经历了一段曲折时期,但是改革开放后,罗平油菜种植面积逐渐恢复,1983年种植11万余亩,总产就达到835万公斤了。到了1992年,云南省放开了油菜籽收购政策,随着油菜籽的市场化和各级政府的扶持政策及产业结构调整,油菜种植面积和产量大幅度提高。2007年,《国务院办公厅关于促进油料生产发展的意见》出台后,罗平油菜的种植面积和种植规模得到了前所未有的发展。

"这当然与良种良法的推广分不开。"原罗平县农业局局长李成春说，"农民起初都不愿意接受新品种，我们用了近十年时间才实现了品种的更新，进入本世纪后就开始大量种植甘蓝型系列品种H039、H030、H090及云油杂一号等'双低'油菜品种，出油率平均达到38%以上，单产水平高于国内油菜生产区的单产水平，接近欧盟等国家的水平。"

尤其是随着种植规模的扩大，罗平在种植技术上实现了九项技术措施，包括统一良种、统一播期、统一规格、统一配方施肥、统一化学除草、统一病虫害防治等措施，从而实现质优量增。

"旱地油菜与水浇地油菜相比，劳动力投入不大，扣除成本外，农户一般有近600元的收入。"李成春说，"罗平油菜与国内其他种植地区相比，提前一个月收获，由于品种优良，价格具有明显优势，均比其他地区高0.2～0.3元，农户不愁销路，种植的积极性也很高。"

现在，罗平油菜发展规模和产量均居云南第一位，种植面积和总产量占到全省的1/6。2012年，该县油菜种植面积达到70万亩，产量14万余吨，产值近7亿元。发展到2016年，全县油菜种植面积已达80.5万亩，油菜籽产量超过15万吨，实现种植产值7亿多元。看来，罗平享有"滇东油库"的美誉毫不过分。

而罗平油菜之所以能聚焦世人目光，是因为罗平早在十多年前就做出了实施旅游带动战略、促进社会经济全面发展与进步的决定。罗平更是在这小小的四瓣花朵——油菜花的带动下，走出了一条特色的山水旅游路线。

/ 金色的延伸 /

早在明朝崇祯年间，大旅行家徐霞客在途经罗平考察时，就被罗平的"峭峰林立、分行竞颖"的独特地理地貌所震撼，并留下了"罗平，著名迤东"的赞誉。

有人戏称，罗平是云南的版图、广西的山水、贵州的气候。此话虽有失偏颇，却把罗平的区位优势、自然条件、气候特征、山水特点都概括在内了。

罗平的旅游资源很丰富，有2大类19个亚类，其中自然景观点87个、人文景观点41个。守着如此多的旅游资源，罗平较早地启动了旅游发展战略。1998年，罗平县委做出了实施旅游带动战略、促进社会经济全面发展与进步的决定，把旅游业作为罗平四大支柱产业之一来优先发展。

谁来做支点，扛起旅游业的大旗？罗平经过充分论证后，选择了油菜花。1999年第一届"云南罗平油菜花文化旅游节"一炮打响：浩瀚的油菜花海，以及相得益彰的独特喀斯特地貌，让世人记住了这片海，这个美丽的地方。到了2008年，油菜花节顺利升级为"云南罗平国际油菜花文化旅游节"。

在罗平县政府，有这样一块匾牌占据着显眼的位置，它就是上海大世界吉尼斯总部为罗平颁发的"当今世界最大的天然自成花园"的匾牌，这个天然自成花园指的就是连片的20万亩油菜种植园。这块匾上有一段小字格外引人注意，"该花园位于云南罗平县，境内气候温和、雨量充沛，适宜农作物生长，其种植的油菜品种多样，含油率达40%以上。每年初春，罗平坝子盛开的金花散布于形态各异的喀斯特峰丛中"。这个匾是2002年获得的，现在看来，20万亩是个多么保守的数字。现在80万亩的种植面积，足以让罗平再次冲击新的世界纪录了。

罗平油菜花确实美得让人心醉。进入2月，罗平几十万亩的油菜花开放，山岭、村舍、道路、河流皆融入油菜花海，铺天盖地，没有任何杂色，纯粹、简单，罗平由此成为旅游爱好者的天堂。有游客称，"这是在天堂门前的花朵，无遮无拦地尽情绽放"。精明的罗平人种油菜种出了赏花经济，涂兴礼便是较早从事油菜花导游的人。罗平油菜花最佳观赏点之一的金鸡峰，位于罗平县城北十多公里处的324国道旁，这里有许多牛车在等候，准备搭载游客畅游花海。一位穿戴布依族服饰的人热情向游客介绍牛车赏花的便利，这人就是涂兴礼，当地的一位名人。

涂兴礼说，19年前，他发现有许多人前来观看油菜花，他便制作了当时第一辆牛车观光车。"当时只能走进那个小山包。"他指了指近处那座只有300米左右的峰林。他说，最初1元钱一趟，现在游客越来越多了，30元一趟，一车能坐6个人，一天能跑三五趟吧。涂师傅黝黑的脸上，洋溢着春天的微笑。

现在牛车观光车已经增加到30多辆了，但油菜花节时，还是忙不过来。

2012年油菜花文化旅游节，罗平共接待游客130多万人次，海外游客有近1.6万人次，与2011年同比上升25.5%。

金色的油菜花海带动了罗平旅游的全面发展，罗平县投资12亿元完成九龙瀑布群、多依河、鲁布革三峡、万亩油菜花海等主要景区景点的基础设施建设。县城的餐饮、酒店等行业迅速发展，仅工商登记注册的餐馆就达到600余家。

罗平县城龙门街的红星公社餐厅就是一家刚开业两年的餐馆。老板邵爱华看到近年来前往当地旅游的游客一天比一天多，他就和家人开了饭店，没想到一开张生意就好得不得了。"在油菜花节，一天能接待客人三五百人，"邵爱华满带笑容地说，"即使在平时客源也不错。"

油菜花的海洋让罗平人真切感受到赏花经济带来的实惠，小小的油菜花从观光旅游延伸到产业链，从播种到收获都是那么有价值。

/ 独特的名片 /

油菜花盛开的时候，蜜蜂及养蜂人是罗平另一道独特的风景。每到冬季，养蜂人开始从四面八方涌向罗平。据不完全统计，在中国，除了台湾、香港、澳门以外，没有到过罗平的外省养蜂人几乎没有。

60岁的林上久就是从广西来的养蜂人，已经养蜂33年了。2013年正月初八他就带着二百多箱蜜蜂，来到罗平采蜜。他说，年年都来罗平，但2013年天旱，油菜花花期短，搭上路费，基本没有赚到什么钱。可老人表示，结束罗平采蜜后，还要去广东采蜜。

就是这样像蜜蜂一样勤劳的采蜜人，被人称为"当代中国流浪春天的吉卜赛人"，他们繁荣了罗平的蜂蜜加工产业。

更具有地域特色的是罗平菜油。由于独特的生长环境和地理优势，罗平的"双低"油菜榨出的菜油具有明显的品质优势。2010年，罗平菜油在国家工商总局注册成为地理标志证明商标。随着15届油菜花文化旅游节的举办，罗平菜油也名扬天下了。

从罗平油菜花海、罗平油菜蜂蜜到罗平菜油，都打上了罗平的烙印，成了罗平的一张张名片，而这些所谓的"土特产"汇成了一张更大的名片，这就是富有地域文化、地方色彩的地理标志产品。它们将春天演绎成金色的花、白色的蜜、橙黄的油，这是春的精彩。

在搭乘昆明至罗平的一趟列车上，两个特意从广西过来看油菜花的姑娘称，虽然她们并没有见到期盼已久的油菜花海，但满眼的绿色油菜也是很壮观的，来年一定要赶在油菜花怒放的时候来畅游。

样本解读一

罗平菜油：走俏市场绽放原生态魅力

□ 杨文娟　魏俊浩

在昆明家乐福超市里，云南罗平丰瑞粮油产业有限公司生产的"金菜花"菜油被摆放在显著的位置，一对年轻人随手从货架上取下2.5升装的"金菜花"放在购物车里。从他们的脸上并没有看出任何异样。但2012年5月发生的"云南丰瑞粮油产业有限公司在动物油中掺入地沟油"的事件还正在持续发酵。

2013年初，丰瑞公司"吉象"牌动物油脂涉嫌使用地沟油加工食用猪油一案在曲靖市中院开庭，与"吉象"牌同属一母公司的"金菜花"牌植物油再次被推到风口浪尖。罗平丰瑞粮油产业有限公司委托律师发表声明，除澄清"金菜花"品牌的植物油属于合格产品外，还将对恶意散布"金菜花"油脂产品存在质量问题等不实消息的单位及个人追究法律责任。

/"金菜花"没有问题/

2013年3月，罗平丰瑞粮油产业有限公司园区内成排的铁树长得很茂盛。时任该公司办公室主任汪树林称，"吉象"牌动物油掺假事件对"金菜花"菜油品牌造成的影响并不大，不过，绿色食品认证被上级部门取消了。汪树林很尴尬地笑笑说，质检、农业、工商、税收等部门从昆明查到罗平，对所有产品全部抽样检查，结果显示"金菜花"植物油没有任何问题。

"我们的原料全部来自罗平县及周边地区的绿色、天然、无污染、不含转基因的油菜籽。"汪树林介绍，2004年，云南丰瑞油脂公司来罗平投资办厂时，就是看中了罗平油菜的优良品质优势、油菜花节打开的国内及国际上的高知名度。

当年云南丰瑞油脂公司人员还考察了新疆,但最后在罗平建起油菜籽加工企业,配上先进的生产设备,年加工能力达到可压榨油菜籽等油料15万吨。2005年,罗平丰瑞粮油产业有限公司就推出了"金菜花"牌食用油。

"金菜花"依托云南丰瑞油脂公司的资源,迅速在云南省16个州市129个县设立了办事处和销售网点。目前,"金菜花"已经占据了云南食用油消费的半壁江山。

/ 加工企业"饿肚子" /

在罗平丰瑞粮油产业有限公司加工车间,生产线没有开工。汪树林称,一年中只有四个月在生产,到11月份基本就停了。"没有吃饱过,最多一年收购油菜籽达到5万多吨,与设计的15万吨的加工能力相距甚远。"罗平县粮食局的有关人员做了分析,在生产季节上,罗平油菜籽上市时间比长江中下游地区的上市时间早40天左右,正好满足加工企业淡季生产的需要,在罗平油菜籽收购时,大量外地的采购商就来到罗平抢购。

"罗平油菜籽年产量14万吨,可全县年加工能力达到18万吨。"原罗平县农业局局长李成春谈起这个不相匹配的情况有些怅然。除罗平丰瑞粮油产业有限公司外,罗平当地还有两家较大的粮油加工企业,再加上二十多家小企业,罗平油菜籽产量远远不能满足加工企业的需求。"'饿肚子'是家常便饭了。"罗平油菜籽为何如此抢手,究其原因还是罗平独特的气候塑造了罗平油菜优良的品质。每年农历八月十五至九月初,农民就开始播种了,此时的罗平进入了秋冬的阴雨季节,雨量、气温、光照都非常适合油菜的生长。2010年,罗平菜油在国家工商总局注册成为地理标志证明商标。

"罗平的菜油品质高是出了名的,价格要比省外的菜油批发价贵1元/公斤,批发价在12元/公斤左右。"汪树林说。

在罗平特产店里,罗平菜籽油往往被摆在店中央的黄金地方,工作人员说:"选购菜籽油的游客也不少,但以小瓶装为主,如果购买大桶装的话,一般都是邮购回去。说实话,真佩服那些拎着油回到几千里之外的家的人,如果不是认为所购东西极好,估计他们是不会这样折腾自己的。"

产品好自然吸引外界的关注。几家投资商和沃尔玛先后来罗平考察了罗平丰瑞粮油产业有限公司,几家投资商则是想参与公司未来大的发展。汪树林略带伤感地说,由于其他分公司出的那档事,目前罗平丰瑞粮油产业有限公司发展规划还没有明确,不过未来一定要加强基地建设,确保从田间到源头的安全。

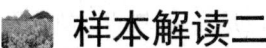 样本解读二

罗平蜂蜜:让食者留恋的美好记忆

□ 杨文娟　魏俊浩

来到罗平,一定要尝尝当地的蜂蜜。

在罗平街头,最多的就是蜂蜜特产店,三五步、隔条街,就能碰到一家。几乎每个店内都有种类繁多的蜂蜜品种,其中不乏一些稀罕的品种。

不过了解过罗平的蜜源后,就不会对如此众多的蜂蜜品种感到奇怪了。

花海蜜源罗平境内地势由北向南倾斜,气候立体而温和,雨量充沛,非常适宜蜜源植物生长,形成了丰富的蜜源。从12月下旬到次年3月,罗平80万亩的油菜花竞相绽放,花期普遍早于其他油菜籽主产区,再加上8万亩的光叶苕花、1.5万亩的荞籽、近10万亩的果树等蜜源植物,有数字统计说,罗平野生蜜源达到32种。

有花就有蜜蜂,何况罗平春天里的花海面积都是超大型的。2013年罗平吸引了全国各地3万多群小蜜蜂集中来此春繁和采蜜。目前世界上已发现的9种蜂属类蜜蜂,云南有6种,罗平占了4种。罗平在成为我国油菜生产基地县的同时,也成为全国著名的蜜蜂春繁和蜂产品加工基地。

罗平的养蜂历史也很悠久,明代大旅行家徐霞客的游记中曾记载"罗平盛产蜂蜜"。罗平的油菜花蜜和土蜂蜜最为知名。在一家云岭蜂业店内,

店负责人吴跃国说，得益于罗平特殊的气候条件，罗平生产的蜂蜜品质、口感、营养价值都远高于其他地区的蜂蜜。罗平菜花蜜结晶细腻，像油一样。全国蜂产品专家给予罗平蜂蜜的评价是"罗平蜂蜜的香味和浓度远比其他地区的蜂蜜质量高出30%以上"。吴跃国称，土蜂蜜是土蜂采集高寒森林野山花蜜充分酿制而成的蜂蜜，含有丰富的有机酸、蛋白质、维生素、酶和生物活性物质等多种营养成分，人体能直接吸收，常食用可以增强人体免疫力，被誉为"蜜之珍品"。

扮靓罗平蜂业好的蜜源，需要好的加工。云峰蜂业起步于20世纪60年代，发展至今，养殖蜜蜂3000余群，6000多平方米的生产办公厂房能够年产蜂蜜、蜂王浆、蜂花粉、蜂胶等系列产品400余吨，已成为集生产、加工、销售于一体的蜂业生产龙头企业。

像云峰蜂业这样的加工企业，罗平还有多家。街头不同的蜂蜜特产店也显示，罗平的蜂蜜市场竞争也是很激烈的。

当地有关人士说，罗平蜂蜜加工已经出现差异化、品牌化竞争趋势，在利于当地市场发展和完善的同时，在标准的执行上还存在混乱。不过吴跃国传递的信息让人感到很是感动和欣慰。他说，一些街边兜售蜂蜜的人可能存在不法行为，但罗平的蜂蜜加工企业是不会掺假的，大家都努力维护着罗平原生态的蜂业生产环境。

罗平蜂蜜不止吸引着游客，也同样感动着游客。一位游客这样说：在油菜花海里徜徉，遇到数不胜数的蜂箱是很正常的事，而凝望养蜂人头戴面罩手扒蜂蜜，心性只剩纯粹和洁净。

罗平的美在油菜花节的强大推介下，已经得到了世人的共识，而罗平的蜂蜜让食者时刻品味起在罗平的美好记忆。

如今，罗平已成为我国西南地区蜂产品的交易中心。罗平蜂蜜已成为蜂蜜产业中的拳头产品，从一个地方特产走向全国，享誉海内外。

在罗平街头，最多的就是蜂蜜特产店，三五步、隔条街，就能碰到一家。几乎每个店内都有种类繁多的蜂蜜品种，其中不乏一些稀罕的品种。

产业观察

一个神仙都心仪的地方

□ 杨文娟　魏俊浩

罗平的油菜花吸引着人们走进罗平、感受罗平、触摸罗平。走在这个小城，从未有过的放松让人舒心惬意。风景处处是，目目感受春。

有几个词用在这些风景中很合适，不仅能表达内心的感受，也能说明此地风景的魅力和多样，那就是浩瀚、柔情、壮美、童话和安居。

罗平的美，在春天格外打动人心。罗平的春天里有一种颜色，诠释着对大地、对人类的赞叹，那就是金黄色，油菜花的金黄色。看到满眼的油菜花，有一种幸福突如其来、美丽恍若隔世的感觉，这些油菜花令万物失语。

一旦踏入这片浩瀚的海洋，人们注定要被那无边无际的金色覆盖。油菜花从眼前延伸到天边，仿佛一座通往天堂的阶梯，那么绚烂、那么美丽。这是动人心魄的美，让人恍若潜居来世，恍若一个被世界遗忘的过客。

收回目光，再端详眼前的黄金花儿，那闪耀着金色的花瓣，就像金色海洋里的朵朵浪花。春风习习，千万朵浪花簇拥在一起，蔚为壮观。每一片金黄，不仅浸染了游客的目光，而且渗透进了人们的灵魂。在这片海洋里，人们迷失了方向，但这种感觉美妙无比。

站在峰丛上，俯瞰油菜花海，一种摄人心魄的豪情从心底发出。一座座峰林，一片片花海，你中有我，我中有你，那样和谐，那样奇妙，难怪天南海北的人来这里寻觅打动人心的美。

走过罗平花海，观过罗平花潮，生命从此多了一份芬芳，也多了一份喧闹深处的安宁和平静。

即使这些花儿谢了，也一样能回味它们的味道：浓香的菜籽油飘过原野，进入千家万户，甘甜的蜂蜜时刻让人想起那份属于油菜花的回忆。

不知从什么时候起，要想在我们身边看到一条清亮的河流，已是十分困难。记得小时候，家乡的那条小河缓缓地流过小镇，清澈干净。

那条小河留下了我们儿时的美好时光，但小河最终还是变污、消失了。

来到多依河，人们找到了那份久违的清亮。不过与多依河相比，家乡的小河小多了。

多依河隐藏在大山幽谷之中，位于罗平县城以西40千米，全长8千米，源头为布依村寨腊者，源尾为鸡鸣三省的三江口。

沿着多依河走，会立刻被多依河的柔情所吸引。她是那样清澈、温顺，不像其他河流那样冲冲撞撞、狂躁不安；她就那样淡淡地流淌着，抚摸着大地，也抚摸着我们的眼睛和心灵。顿时，一身的疲惫荡然无存，只剩安宁和放松。

沿河而建的布依山寨，是云南唯一的布依族聚居地。淳朴古老的布依人劳作生活在其间，独特的布依风情让游人着迷。千奇百怪的水车和各种精美针织品是布依人智慧的展现，祭山、祭水、祭树，二月二对歌节、三月三泼水节等传统节日让人感受到民俗的魅力。

短小而纤弱的多依河，婀娜多姿，50余级钙化瀑布形态各异，宛若天宫景致，有美不胜收的一目十滩、雷公滩瀑布群、世界水车博览园等美景。其情其境，犹如陶翁笔下的桃花源。

罗平人说，九龙河是他们的母亲河。

在罗平境内短短的62千米流程中，九龙河谱写了太多壮美的诗篇。当地人介绍，没有九龙河的滋润，牛街槽子成不了闻名遐迩的鱼米之乡，也成不了罗平重要的商品粮生产基地。没有九龙河的付出，腊庄电站也不会成为中国最大的县级电站。因为有了她的博大，才有了白蜡山引水隧道的开凿和龙王庙水库的修建，从而才有了罗平坝子的万顷油菜花海。

在罗平人的记忆中，九龙河从未给当地带来过什么灾难。在外人看来，九龙河就是"迤东大地"的惊叹号。不到4千米的河道上，不可思议地密布着10个瀑布，这是许多地质学家至今也难以解开的谜。

九龙河景点与景点之间紧密相连，自然成趣，无人工雕琢之痕迹，无刻意营造之矫情，原汁原味的铺陈给人以纯美舒畅之感，宛如不小心跌入大地的心脏，一不小心就触摸到大地的脉搏。九龙大瀑布是九龙第一瀑，落差比中国最大的黄果树瀑布小18米，但瀑面比黄果树瀑布宽了29米。也正因为此，国家某地理杂志将九龙河瀑布群评为中国最美的六大瀑布之一。

从罗平县城往东沿324国道行12千米，数不胜数的小小山头映入眼帘，错落有致地排列着，宛如传说中的童话世界，近而又遥远。

这个地方就是罗平太阳升起的地方，它也有个清脆而高贵的名字——金鸡。

站在324国道旁的金鸡山腰或山顶，放眼望去，一个个形状各异、玲珑剔透的小山包，仿佛刚刚从地里冒出的黑色蘑菇，点缀在这一望无际的绿色和黄色的地毯上，让人顿生无边的遐想。

《罗平县志》中说："罗平位于云南山字形构造的东翼及南岭东西向复杂构造带的西延部分，三叠纪后，经多次复杂的构造运动，造就了不同结构体系及复合、联合构造。""罗平坝至板桥一带，受河流侵蚀和岩溶作用影响，形成起伏的中山地貌。""县内石灰岩分布广泛，岩溶地貌发育完整。大水井、旧屋基、钟山乡、板桥镇分布着峰林、峰丛凹地，山势陡峭、基岩裸露，峰林峰丛间镶嵌着大大小小的凹地。"罗平人感激若干万年前诡秘复杂的地壳运动，正是这种运动造就了今天罗平坝子里新奇别致的地质景观。

这种景观集中体现在县城北东芦沟、金鸡324国道以东地区，面积约200平方千米。曾经有诗人说："金鸡峰丛，是横断山脉的一段传奇故事，是云岭高原的一个童话世界。"在罗平的历史上，最让人回味和扼腕的，莫过于传说中的"七寺八庙九魁阁"了。

地处滇、黔、桂交界处，明清以来，各种宗教文化在罗平得到迅速传播。鼎盛时期，罗平的大街小巷、村村寨寨几乎都有各种宗教建筑，可谓伽蓝遍地，寺庙林立。由此，清末以来，罗平民间便有了"七寺八庙九魁阁"的说法。

罗平是五教并存的地方，这在其他地方十分罕见，充分说明了罗平对文化的包容和兼收并蓄。但遗憾的是，曾经渗透在罗平人记忆深处的这些庙宇宫阁，如今大多消失在历史的尘埃之中。在现有的寺庙中，如白蜡山腰的"蜡山晓寺"正殿里供奉的是白蜡三神，偏殿里却供奉着观音，在后面新建的寺院里，还供奉着佛教中的西方诸神。

站在这些众神灵的神殿里，没有人会嘲笑信众的无知，这种多教神灵的共处，让人感受到神灵间的和谐。

其实，在罗平，最奇特的不是神的众多，而是神的安居。这是一个让神仙都心仪的地方。

铁棍山药传奇

□ 杨文娟

《太极2》中，一根千年怀山药救了陈家沟和陈家太极拳。虽说故事成分颇多，但山药的确犹如人参，历来被认为是进补佳品，而作为怀山药中的极品——温县铁棍山药素有"神仙之食"的美誉。千年的历史，不断成长的市场，农户的热情，原产地的保护……我们有理由相信，终有一天，我们不会再怀疑手中的山药是不是"正宗"的温县铁棍山药了。

***

铁棍山药到底具备哪些优良的特质与发展境遇？笔者特别开启了寻找铁棍山药之旅，为您揭开温县铁棍山药不为人知的秘密。

11月正是山药收获的季节，我们从郑州出发，不到两个小时的车程便到了温县。我们这次的目的是找到真正的铁棍山药。

/ 遇上山药文化节 /

到温县那天,正好赶上当地举办的第二届铁棍山药文化节。坐大巴车进入县城,在一个主干道口,一个巨大的"温县——铁棍山药之乡"广告牌,在清冷的冬日里格外显眼。随后,我们发现街道两旁处处是宣传铁棍山药的红色横幅时,已经置身铁棍山药之乡了。

温县县委宣传部新闻科科长许宏伟是个热心人:"目前铁棍山药已经有一定的知名度了,为了让更多人了解温县铁棍山药的独特功效,让更多人吃到正宗的温县铁棍山药,温县从2011年开始举办铁棍山药文化节,目的就是要打造出温县铁棍山药的品牌。"当天,全国第一个铁棍山药交易市场——温县铁棍山药专业交易市场正式启动。"今后,市面上销售的'温县铁棍山药'将拥有独一无二的'身份证'、统一的外包装和防伪标志。"原温县农业局怀药服务中心主任王素霞表示。这些措施将进一步叫响温县铁棍山药品牌。

2012年5月,温县县政府在国家工商总局成功注册"温县铁棍山药"证明商标,又制定了《证明商标管理实施细则》和《包装管理办法》,统一设计了外包装箱基本样式,建立了防伪和追溯系统。王素霞高兴地说:"通过山药文化节,温县铁棍山药品牌的知名度提高了不少。"铁棍山药文化节是在县城中心的文化广场上举行的。偌大的场地,已经站满了人。广场上矗立着四面巨大的牌子,分别写着"甜""干""面""香"4个大字,这显然是铁棍山药的口感特征。

文化节上的节目表演很精彩,其中最有看点的是一群身着黑白绸服的年轻人表演的太极拳。一位老者介绍,太极拳能促进内在气血、脏腑、经络的阴阳平衡,保持人体正常的生理功能和健康体魄,能起到健身、疗病、养生的功效。很显然,温县人已经把太极拳作为健体运动的首选,从孩童到老者,人人都会几招。

温县陈家沟是太极拳的发源地之一,每年都有大量的太极拳爱好者前来拜访学习。从1992年开始,这里先后举办了6届太极拳年会,太极拳已经风靡世界,享誉中外。

最近热映的电影《太极》系列，就是以陈家沟太极拳为素材拍摄的。影片中还出现陈家人在危急时刻，将一根千年怀山药变现后，挽救陈家沟和陈家拳的故事。这里且不说历史上到底有无此事，但可以看出影片是做了一番考究的。秦汉时的《神农本草经》记载"山药各地均产，以河南怀庆者良"。

而我们这次寻访的是怀药中的极品——温县铁棍山药。

/温县与铁棍山药/

温县是个小城，人口只有42万。从拥挤的城市来到这里，马上会感受到这里的轻松和舒适。道路上没有匆忙的行人，没有堵塞的交通。举目望去，城市的轮廓已在眼底。一座普通的小城，为何能盛产久负盛名的铁棍山药呢？这不得不说说温县独特的资源优势了。

温县北依太行、南临黄河，享有"山之阳、水之阴"的天然优势。温县地处温带南沿位置，这里年平均气温14℃～15℃，年降水550～700毫米。黄河、济水、沁河携带太行山特殊的岩溶水从温县境内流过，千年的河流冲积使这里的土壤和水质都沉淀了丰富的营养和微量元素。土壤中微量元素和矿物质的蒸发弥散，又形成了独特的微生物和微量元素空气结构。

"土壤、气候、水质、空气，多种因素的综合作用，形成了温县得天独厚的自然条件，铁棍山药在这里生长，经过数千年种内遗传变异，逐渐形成了外部形态、生理机能以及有效成分汇聚的温县铁棍山药。"王素霞说到此如数家珍。

其实，历代的中药典籍和名医史志，对温县山药均给予了高度评价。

《本草纲目》记载："山药补虚羸、除寒热邪气、补中、益气力、长肌肉、强阴，久服聪耳名目、轻身不饥、延年益寿。"焦作古称怀庆府，山药、地黄、菊花、牛膝"四大怀药"驰名中外。怀山药作为"四大怀药"之首，医家评价其"温补""性平"，是"药食同源"的典范，近年来社会认可度持续升温。温县铁棍山药又是怀山药中的极品，是历代皇家贡品。

在唐宋时期，温县铁棍山药就通过"丝绸之路"流入西亚和西欧诸国，明代就随郑和船队传入东南亚等地，在海外享有"华药"的美誉，在1914

年巴拿马运河通船万国博览会上展出并获金奖，由此蜚声中外。

全国有很多地方出产山药，唯有温县铁棍山药药性最大。20世纪70年代，国家为了缓解怀药供应紧张的局面，曾经组织18个省区到焦作引种山药和地黄，结果引种之后，不仅品种退化，药力也大为减弱，虽然反复来焦作引种，最后也未能解决这个问题。

抗日战争时期，侵华日军曾派本国的植物和医药专家来到焦作，将适宜种植怀药的土壤运回国内进行研究，然后按照配方调配土壤进行种植试验，最后怀药失去药力，不得不以失败而告终。

后来，人们虽然明白了是土壤结构和气候环境所致，但出于对四大怀药的钦敬，便引入了一句当地民谚来解释这种现象，那就是"不见药王药不灵"，药王就是曾在焦作采药行医30年的唐代药王孙思邈。

其实与种麦子、大米相比，种山药是个更费心的活儿。"同一地块不能重茬，需要有5~8年时间的休整期。并且山药种植期比较长，前期投入大。我们这里种山药要根据土质、土壤条件、环境进行，还要懂种植技术、采挖技术，这都很重要，尤其对土质的要求很高。"种植户葛保龙的讲解，进一步说明温县铁棍山药种植的不可复制性、品种的珍贵性。但铁棍山药这样珍稀的药食佳品，流传至今可谓命运多舛。

温县岳村乡赵郭作村村主任赵大军告诉我们，在20世纪"以粮为纲"的年代，土地承包到户以后，由于温县铁棍山药产量低、轮作期长，许多农民都不愿种，导致温县铁棍山药品种濒临绝迹。当时的赵郭作村村主任赵三保存了少量铁棍山药种子，退休干部刘站成发现后，在一个井口边种植了一点，才得以让铁棍山药延续下来。这一点我们也在《温县志》中确认，是三分地保留了铁棍山药。

1995年，温县县委、县政府大力发展怀药，县农业局通过提纯复壮，使其被河南省品种审定委员会重新审定为温县铁棍山药，使温县铁棍山药产业焕发了勃勃生机。2003年，温县铁棍山药成为国家原产地保护标志产品。现如今，温县铁棍山药种植面积已达3.5万亩。

而我们真正找到从土里现挖出来的铁棍山药，是在种植户葛保龙的田地里。

老葛在温县铁棍山药专业交易市场开了个门面，来销售他们合作社种植的铁棍山药。由于他的山药品相好，吸引很多人前来咨询。我们一时半会也插不上话，就约好第二天去他的田地里看看山药。

/ 种山药的人 /

老葛的种植地在温县较远的一个村——招贤村，这里是三国时期著名政治家、军事家司马懿的故里。相传就是司马懿在为儿子庆生时，看到席间所上山药与往日不同，品后大为赞赏，因此山药通体呈褐色，形似铁棍，质地坚硬，便将其称为铁棍山药。

不大的县城，出了城便是田地，处于轮休期的地上都种了麦子。滋养的土壤让这个地块的小麦也全国闻名，"全国小麦看温县"已是业内流行语。改革开放30多年来，温县小麦平均亩产一直全国第一。

我们到老葛地里时已有十几个人正在挖山药了。我们走到跟前仔细观看，刚被挖出的铁棍山药真是个其貌不扬的家伙，通体都是毛须，有的还曲曲弯弯。剥去泥土，才能看到山药身上的铁锈色。想来当年呈送给皇帝的贡品，面目也是如这般质朴。

"我们从早上8点半挖到11点，下午从1点半干到4点半就收工了。"老葛说，"成熟的山药一般能达到30厘米以上，长的能达到1米多，挖山药需要向下挖数十厘米，很费体力，所以工人们一天能工作6个小时就不错了。"

老葛的合作社有五六个种植户，共有120多亩地，他自己就有80亩。早在20世纪80年代末，老葛开始种山药。"当时种子都没有，只有岳村赵国作有一小片地种植，大山药蛋只比花生种大一点点，人家给咱的都是黄豆那么大的。"老葛说，"由于种子小，育种了两年后才适合种植。"

种山药不挣钱，当初许多村民都不愿意种，但老葛坚持了下来。但几年后他就遇到了一个难题。"有多次遇到客户一次要上万吨的货，我们没有那么多，满足不了客户的需要。"老葛说起当时的情景还有些遗憾，那时逐渐意识到要扩大规模。"只要上规模了，市场也就有了。"从最初的2亩地到5亩地、20亩地、50亩地，慢慢地，老葛与多家公司建立了关系，有了出路，也就不愁种植了，种植规模也就越来越大了。

但对于许多人而言，种山药的投入与产出不成正比。现在山药种植尽管能达到规模化种植，成本比小户种植降了1/3，但成本仍高达5000元/亩，其中人工一天多达130元。"我们现在亩产能达到2000斤，理论设计利润空间每亩5000～7000元，如果低于2000元的话，就不挣钱了。"老葛说，"各方面的原因造成铁棍山药的价格较高，所以市面上有大量外地山药冒充铁棍山药，导致真正的铁棍山药的价格上不来。"

铁棍山药价格真正涨上来是在2008年后，当年胡锦涛主席视察了温县铁棍山药产业园。"价格足足涨了3倍，从地里挖出来就是10元。"老葛兴奋得无以言表。他已经种植铁棍山药20多年了，现在市场已经完全打开了，当前市场尽管有点乱，但只要把山药种好了，规模做大了，就一定能成。

对于温县铁棍山药产业来说，也是如此。

/ 产业链待深挖 /

温县铁棍山药产量低，具有独特的医药和保健作用，这使其成为国内山药市场上的极品。目前市场上存在大量的形似温县铁棍山药的假冒产品，对正宗的温县铁棍山药产生了极大的冲击。加强品牌保护、延伸产业链成为当地的共识。

在温县铁棍山药交易市场，以山药为原料开发出来的产品以食品居多，有干山药片、鲜山药片、山药粉、山药饮品等。许宏伟告诉我们，目前全县加工企业达到36家、合作社212家，开发药品、休闲食品、饮料、保健品等深加工产品11大类50多个品种，产品已经远销到我国的台湾、香港、澳门和美国、新加坡、越南、印尼等30多个地区和国家。

在历史上，具有"药食同源"特性的铁棍山药，入药的多。早在明末，怀庆府的怀药生产销售已形成规模，府属8县的药商纷至府城（即沁阳）开设药材行栈。到了清朝中期，城中药材行栈已发展到100多家，怀庆成为当时国内五大药材大会（武汉、安国、樟树、禹州、怀庆）之一，"怀庆药都"成为我国四大药都之一。在当地甚至我国台湾和东南亚等受怀药文化影响的地区，姑娘出嫁时，在压箱宝物中总少不了一段系着红绳的干山药。

然而当今以山药入味的药品却不多。"目前铁棍山药作为食用的多。这里面存在一个成本，原料贵，因为比较细，再去皮、加工，就会更小，成本和加工方法限制了铁棍山药的药用。"河南中医药大学教授陈随清告诉我们，"食品是大众化路线，药用是高端化路线，如果一直不给药用挂钩的话，人们就会产生铁棍山药就是供食用的认识，对于山药的发展不太好。"保和堂（焦作）制药有限公司，位于温县城北工业区，以中药材种植加工、中成药和保健食品生产为主业，主要原料为山药、地黄等中药材。"我们已经开发了多款以怀药为原料的药品，其中六味地黄颗粒为国内独家生产。"公司总经理单洋介绍道，"产品主要销往东北三省、北京、广东、上海、四川等10余个省市自治区。"

也有企业的负责人表示，企业的发展需要政策的支持，如果企业从事精深加工缺乏资金、技术，对山药下游产品的开发将会力不从心。

"作为农副产品，政府可以引导相关投资商进行产业链的构建，不是进行粗放产品的种植。"原河南省工商局商标处处长李国安表示，"现在需要打造一些精品，要培植农业产业化龙头企业，进行产业链条深加工，以增加山药的附加值。"

其实附加值不仅仅限于产品链的构建。"将怀药文化、太极文化、中医养生保健与旅游结合，这将是一个大的产业。"焦作市中医管理局局长何银堂对我们说。

面对这样大的产业，温县已着手从原产地保护做起。作为铁棍山药的原产地，温县一直努力申请原产地的产品保护。到2016年底，温县铁棍山药及其制品通过了国家生态原产地产品保护评定，这将大大增强产品的市场竞争力，品牌价值及售价也能得到大幅提高。

样本解读一

红峰合作社：抱团打品牌　山药变金条

□ 范艳

作为当地一家以铁棍山药种植、销售为主的专业合作社，红峰怀药专业合作社将扩大铁棍山药特色种植作为调整种植结构、发展高效农业、促进农民增收的突破口，凭借独特的管理理念和创新发展思路，使合作社成为产与销之间的一座桥梁。

俗话说"靠山吃山，靠水吃水"，温县人民将铁棍山药这一稀有珍品传承至今，并以此促进了温县的农业发展，增加了农民收入。

/ 聚合力保品质 /

"温县古老的文化底蕴和浓郁的历史背景促进了红峰合作社的迅速发展。"红峰怀药专业合作社理事长马红峰介绍说。红峰怀药专业合作社所在的岳村乡是地地道道的铁棍山药的原产地。

"铁棍山药是老祖宗留给我们的财富，我们不仅要珍惜，更要种好。"秉承着这一信念，马红峰与铁棍山药结下了不解之缘。

1995年，为将世代沿袭传承的珍稀瑰宝铁棍山药发扬光大，高级农艺师马红峰主持创立了岳村乡铁棍山药协会，对铁棍山药进行规范种植、科学管理，使铁棍山药保持更高的药用价值。

2006年，为了发展铁棍山药产业，岳村乡政府号召每个村都要成立两个农民合作社。

"那个时候，农民都不知道合作社是干什么的，成立它有什么用。"马红峰说。

身为农业乡长，又是农科院技术员出身的马红峰为了响应上级号召，亲自上阵，以赵郭作、韩郭作、西郭作这3个铁棍山药主产村为基地，组建了股份制红峰怀药专业合作社，实行"六统一"制度。

经过5年的经营发展，红峰合作社加盟农户由最初的5户发展到现在的1200多户，铁棍山药种植面积扩大到9000多亩。

种植铁棍山药的农户越来越多，可是产量却不高，尤其是新加入山药种植队伍的农户的产量更是不容乐观。眼看这些农户投进去那么多资金和精力，却产不出优质、高产的山药来，马红峰心里很不是滋味。

思前想后，只有提高农民的种植技术，制定规范的种植与管理标准才能真正提高农民收入，促进产业发展。这么一想，马红峰农科院技术员的工作经验派上了用场。

在管理好合作社的同时，马红峰经常给合作社里的农户进行技术指导和服务。"我做过技术员，懂一些种植方面的技术，所以社里的农户都比较信任我。"马红峰说。

在红峰合作社里，有一张2米多长、1米多宽的大木桌，上面摆满了各种书籍，不少农民坐在桌子旁边翻阅。

马红峰说，这些书是他花了五六千元钱订购的农业技术类书籍，供农户免费翻阅。同时，合作社还推广实施"科技网络村村通"工程，在全乡19个行政村建立起农业技术电子网络平台，为铁棍山药种植户免费提供种植技术和咨询服务，帮助种植户解决铁棍山药生长过程中常见的病虫害问题。

"种山药可不是一件容易事，是有很多门道的，我们农民也得多学知识。"马红峰笑着说。

在红峰合作社的带领下，每年合作社社员比普通种植户每亩地多收入5000余元。社员年人均收入达到1万元以上，带动全县100多个行政村、3000多户村民发展起这一特色产业，种植面积达2万余亩。

/ 树品牌拓市场 /

合作社规模做起来了，社员的收入有保障了，但马红峰还要应对一个难题。

温县铁棍山药生长周期长，产量低，但药效极佳。随着温县铁棍山药的名气越来越大，一些不良商贩为了自身利益，以次充好，将普通的山药当作铁棍山药来出售，大多数消费者分辨不出真假，而温县铁棍山药也没有一个分辨标准。好的东西不仅不被人知，更卖不上好价钱。

马红峰说："每年温县的铁棍山药还没有成熟的时候，其他地方的普通菜山药就已经进入市场了。由于菜山药产量高，商家将价格压得非常低，但其营养价值跟铁棍山药相差甚远。"

马红峰算了一笔账，种植铁棍山药从土地、种子、肥料、人工成本来算，每亩地需投入5000～7000元，山药亩产为1000～2000斤，按照上限来算，每斤山药最少卖3.5元/斤，农民才能刚刚收回成本。

如何提高温县铁棍山药的价值，同时让消费者分辨出并买到真正的温县铁棍山药，是马红峰不断思考的一个问题。他认为，只有打造出自己的品牌，才能让更多的人受益。

马红峰意识到要提高山药的价值，只有树立自己的品牌。他把目光聚焦在了山药的天然种植上。"我们从选种、种植等都没有农药残留，国家限制的23种农药、禁用的19种农药，在我这里根本不会出现。"2010年，马红峰开始向国家有关部门申请绿色食品认证。可他没想到，这个过程是如此艰苦。

"农业部专家驻扎到我们这里，每天对这里的空气质量以及环境进行监测。"马红峰说。监测队一住就是1个月，6个人3台仪器，花费了将近4万元，前后差不多2年时间，他才得到了绿色食品认证。

有了绿色标签，红峰合作社的山药价格迈上了一个大台阶。"2011年的价格每斤不低于12元，2012年签的价格是每斤不低于10元。"马红峰说。

如今，红峰合作社的山药穿着温县山药的统一"新衣"，带着绿色食品认证标签，进入了流通大市场。

红峰合作社在发扬光大正宗铁棍山药的同时，自身建设也是硕果累累，得到了长久发展。2007年，红峰合作社荣获"河南省标准示范基地""焦作市示范优秀协会"等称号；2008年，获得国家出口食品证书；2009年，获得国家注册商标、焦作市示范合作社等诸多荣誉。

2008年9月，时任中共中央总书记、国家主席胡锦涛来温县视察时，亲临红峰合作社视察，对合作社的发展给予关心和厚爱。

领导的关怀给予了马红峰们莫大的鼓舞。如今，红峰合作社已成为温县的一张名片，它和太极拳一道，载着温县的古老文化底蕴和现代文明漂洋过海，已开始走出亚洲，走向世界。

样本解读二

健国怀药：健康行天下　怀药第一品

□ 范艳

健国怀药立足本地，从源头做起，建立了焦作地区首批无公害铁棍山药基地，以免费加盟的形式加大宣传力度，引导消费者转变观念，使"怀药"和"焦作温县特产"成为密不可分的一体。如今，健国怀药已形成温县、焦作、郑州、北京四大销售网络，全国有400多家加盟店。

人生最大的财富就是健康，这句简单而朴实的话，出现在焦作市健国怀药有限公司宣传册的每一页中。

依托特有的怀药资源，温县崛起了许多怀药加工企业。健国怀药有限公司始终秉承着互勉、共进、真诚、有为的企业精神，推动温县怀药产业不断发展。

据了解，健国怀药有限公司成立于1986年，以怀药种植为基础，由初加工向怀药深加工延伸。目前，健国怀药有限公司已发展成为集四大怀药种植、加工、科研、销售为一体的河南省农业产业化重点龙头企业。

/ 转型深加工 /

"从小家境不好,早早地就做起了山药买卖。"快人快语的健国怀药有限公司总经理秦建国回忆起了企业发展的点点滴滴,"我是从山药'二道贩子'做起的。"据了解,健国怀药有限公司最初叫健国怀药行。在20世纪90年代初,健国怀药行走的是怀药粗加工路线。

一次偶然的机遇,秦建国的怀药生意发生了第一次转型,由粗加工转向了深加工和新产品开发。

在将山药粗加工后运往广州销售的近10年里,秦建国诚实守信,所出售的怀山药品优价廉,从不缺斤少两,受到了不少广州、香港商人的青睐和信任。

经常和健国怀药合作的侨光公司总经理赵先生正是看中了这一点,决定和秦建国合作发展山药深加工产业。

这次前所未有的大订单令秦建国异常兴奋。但兴奋之余,秦建国思考更多的是如何做好深加工。由于赵先生要求的加工方法非常苛刻,健国怀药行从来没有这样做过。他要求把圆柱状的山药切成厚薄一样、长短一致、色泽均匀的山药饮片。在河南中医药大学专家的指导下,秦建国经过1个月的琢磨和反复实践,样品终于做了出来,也得到了赵先生的认可,随后就开始批量生产。自此,健国怀药行成功完成了山药产业由粗加工向深加工的延伸,山药饮片也成了公司的拳头产品,生产量由起初的每月几吨到如今的十几吨。健国怀药行的生意日渐红火,秦建国成了怀药加工方面的"领军人"。

1990年初,为了扩大再生产,健国怀药扩大规模,加盖了十几间厂房,增加了几种不同规格的包装。

/ 从"特产"上做文章 /

有了这次尝试,秦建国更加坚信了怀药深加工的发展之路。但是商场如战场,越来越多的商家盯上了这块蛋糕。

"我们研发出一样新产品，别人就学一样。"秦建国忧虑地说。

在赢得市场的同时，必须战胜竞争对手。在多年的销售过程中，秦建国发现仅仅在台湾，一年就能吃掉干怀山药饮片600~800吨。这让他想到，如果将山药深加工产品进行精美包装后推向全国市场，一定能受到消费者的青睐。然而，推向全国就必须拓展销售渠道。

说干就干，在对市场进行多次调查和尝试后，秦建国大胆设想：铁棍山药是温县特产，如果从"特产"上做文章，这个产业必将前景无限。

随即，健国怀药调整经营策略，立足本地，从怀药的源头做起。首先，在温县县城设立"四大怀药"特产专卖店，将包装精美的山药产品免费向统一经营山药特产的商店供货，不需要预先支付任何费用，每月售卖后再结算。经销商还可以以加盟店的形式加盟健国怀药，也不收取任何加盟费用。同时，健国怀药加大宣传力度，引导消费者转变观念，使"怀药"和"焦作温县特产"成为密不可分的一体。

这次经营策略上的调整使健国怀药的发展如日中天。如今，健国怀药已形成温县、焦作、郑州、北京四大销售网络，全国有400多家加盟店。

/ 规模化发展 /

渐渐地，健国怀药行的怀药深加工步入规模化发展。2004年，在市县两级农业局、科技局等部门的大力支持下，温县健国怀药行变更为焦作市健国怀药有限公司，注册资金50万元。

温县具有地域特色和市场前景的铁棍山药成了健国怀药有限公司的开发重点。健国怀药承包了500亩地种植铁棍山药，建立了焦作地区首批无公害铁棍山药基地。

目前，焦作市健国怀药有限公司占地2.2万平方米，总资产2800多万元，四大怀药种植基地1000余亩，开发了四大怀药食品系列、怀菊花茶系列、怀菊保健枕系列、四大怀药礼品系列、休闲旅游食品系列等50余个品种，还有山药源、地黄源、菊花源等系列功能性饮品。

同时，健国怀药以"公司+农户"这种订单农业的方式，与怀山药种植农户实行合同定价收购，既保证了货源的数量与品质，又提高了农户种植的积极性。

走出公司大门时,正巧有一车从农户那里收购的铁棍山药运送过来。秦建国走出去,亲自卸货并检验山药品质。就像企业宣传册中写的一样,"健国"精神就是处处追求精致细节。

产业观察

路漫漫其修远兮

□ 杨文娟

"正宗的温县铁棍山药,货真价实!"又是一年山药丰收时,如往年一样,郑州的街头巷尾出现了许多开三轮车卖山药的商贩。

"这是温县产的铁棍山药?"面对商贩的倾力兜售,消费者往往是稀里糊涂就买了,而走到家,还在嘟囔:"这是正宗的温县铁棍山药吗?"众所周知,四大怀药产自焦作,即怀山药、怀地黄、怀牛膝、怀菊花,历来都是皇家贡品。而温县铁棍山药又是怀山药中的极品,在海外享有"华药"的美誉。

近年来,随着人们健康养生观念的加强,具有中医保健功效的铁棍山药从当年的王室贡品走进了千家万户,铁棍山药品牌逐渐被叫响。

名气大了,自然有想"傍"的。由于消费者对山药品种认识不足,无法分辨市场上的山药,域外很多山药就打出温县铁棍山药的招牌,使得山药市场良莠不齐、鱼龙混杂,极大损害了温县铁棍山药的品牌形象。

温县工商局一个负责人表示:"市场是开放的,外地的山药商来温县销售,我们不能制止,但如果打着温县铁棍山药的旗号,我们就立即查处,可是这种执法难度太大了。"可以想象,等执法人员到场时,商户可以先收起牌子,没有牌子的话,改口销售外域山药。

而另一个造成市场无序的原因是信息不畅,农民知道怎么种,却不知道怎么销。

有20多年种植经验的大户葛保龙介绍，现在种植户和市场脱钩了，不了解市场。形势好的时候，一窝蜂地种，还相互压价，结果就造成铁棍山药市场价格波动较大。一些种植大户有固定的门路销售，一些小户就承受不了这样的风险。

要解决这些乱象，就要归结到温县铁棍山药作为原产地的保护上来。保护力度不够，就容易被市场钻空子。

而"铁棍山药"商标早在多年前，就被温县的一家企业注册，导致多次的铁棍山药打假风波最终上升到商标争夺战。一位参加第二届温县铁棍山药文化节的投资商说，这种内耗也耽误了温县铁棍山药产业的发展。

特色产业要发展壮大，就需要保护，更离不开引导。

就拿新郑"好想你"大枣和信阳"固始"鸡来说，他们都是通过规范各项标准，打通产业链上、中、下游，进行品牌推广，主打"文化牌"，最终得到了消费者以及市场的认同。

专家表示，温县铁棍山药产业发展应通过政府、企业、合作社、农民等多方面的共同努力，合力推进市场建设。一方面加强规范化种植，实施标准化；另一方面给予企业更多的扶持，实现龙头企业崛起，对农民多给予技术指导，加强与市场信息的沟通。

近年来，温县县委、县政府积极开展铁棍山药新品种试验，加强田间指导和技术培训，加强监测力度和标准化建设，成立农产品质量安全监测中心，确保铁棍山药无公害生产。为解决土地置换难题，当地还建立了土地流转中心，不断提高农业生产的集中化、组织化程度。

同时，温县在围绕品牌推介和保护上下了不少功夫。据了解，当地已经连续两年举办温县铁棍山药文化节，采用统一的温县铁棍山药证明商标、外包装和二维码防伪标识，消费者可通过电话和官方网站进行验证。

温县铁棍山药的品牌仍很脆弱，但成长的步伐并未停下。一位香港商人在温县投资兴建了一个生物科技研发公司，主打山药饮品，产品已在全国几个大城市的沃尔玛超市上市。他表示，产品销路很好，温县铁棍山药品牌意识整体已经崛起，但路还很漫长。不过这位香港商人还是信心满满地说，铁棍山药是经老祖宗验收过的好东西，在未来，前景一定很光明。这样的话，老葛在他的田地里也说过。

发展的路确实不好走，不过我们已经看到光明的未来。2016年11月28

日，温县铁棍山药及其制品通过了国家生态原产地产品保护专家组评定。这对温县铁棍山药的发展来说，无疑是插上了一双腾飞的翅膀，市场竞争力不仅大大提升，品牌价值及售价也能得到大幅提高，还有利于拓展国际市场，扩大出口。

　　千年的历史，不断成长的市场，农户的热情，原产地的保护……我们有理由相信，终有一天，我们不会再怀疑手中的山药是不是"正宗"的温县铁棍山药了。